Hannah Rick

# Astrologie

*ganz einfach*



AGM
URANIA

Hinweis
Alle in diesem Buch enthaltenen Angaben wurden von der Autorin nach bestem Wissen zusammengestellt. Die Informationen sind nicht dazu gedacht, einen Arzt oder Therapeuten zu ersetzen. Eine Haftung des Autors bzw. des Verlags für Personen-, Sach- und Vermögensschäden ist ausgeschlossen.

Originalausgabe
1. Auflage 2007
ISBN 978-3-03819-312-8 (Set: Buch und Karten)


Umschlagillustrationen: Hermann Betken
Umschlaggestaltung: Antje Hellmanzik
Illustrationen: Hermann Betken
Lektorat: Sabine Lechleuthner
Layout & Satz: Antje Hellmanzik
Produkt-Manager: Silvie Bachmann
Druck des Buches: pbtisk, Tschechien
Druck der Karten: Cartamundi, Belgien
www.uraniaverlag.ch

Hannah Rick

# Astrologie
*ganz einfach*

AGM
URANIA

# Inhalt

## Die Tierkreiszeichen 86

# *Eine kleine Geschichte zur »Astrologie – ganz einfach«*

Die Astrologie begann – ganz einfach – mit dem Blick zum Himmel. Sonne und Mond waren die beiden ersten Gestirne, denen die Menschen ihre ganze Aufmerksamkeit schenkten. Sie brachten in Zusammenhang, dass die Sonne angenehme Wärme, aber auch verdorrende Hitze »schicken« konnte, und dass bei Vollmond die Erde nachts heller war als bei Neumond. Der Bezug, »wenn am Himmel etwas passiert, hat das Auswirkungen auf der Erde«, war gefunden.

Die Menschen waren fasziniert und beobachteten weiter. Sie entdeckten, dass sich der ganze Himmel »bewegte«. Sie versuchten, in den Sternbildern zu lesen und waren sicher: Der Himmel hatte Botschaften für sie!

Und weil die Menschen überzeugt waren, dass die Nachrichten vom Himmel die Ereignisse auf der Erde widerspiegelten, begannen sie, Entsprechungen – nach dem

Gesetz »wie oben, so unten« – zu suchen. Die »Weisheit der Sterne« (Astron = Stern; logos = Weisheit), die Astrologie wurde so zum festen Bestandteil des Lebens und hatte damals wie heute Freunde – oder auch nicht ...

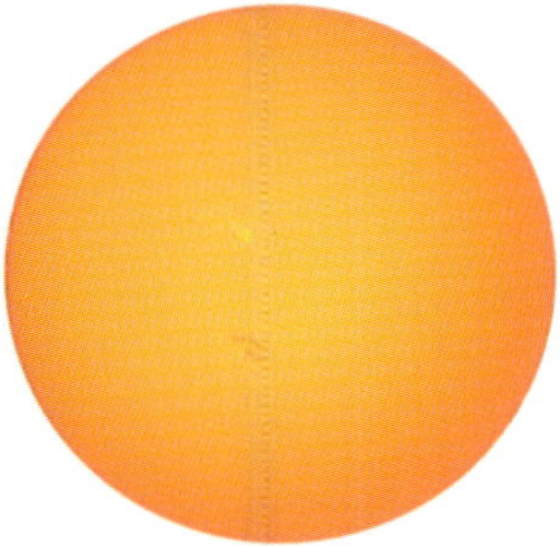

# *Mit den *Sternen* spielen*

»Astrologie – ganz einfach« ist ein faszinierendes Kartenset, mit dem Du auf spielerische Art und Weise in die »Welt der Sterne« eintauchen kannst. Das Spiel ist so aufgebaut, dass Du auch *ohne* Vorkenntnisse sofort Zugang zur Astrologie findest und mit den Karten arbeiten kannst.

Aus dem großen astrologischen Wissensschatz stehen Dir 72 Karten zur Verfügung, mit denen Du mehr über Dich selbst und Deine möglichen Entwicklungsschritte erfahren kannst. Mit einfachen Zieh- und Legemöglichkeiten bekommst Du Antworten zu allen möglichen Themen in allen möglichen Situationen.

Integriere die Texte in Deine aktuelle Lebenssituation und lass Dich von den zauberhaften Bildern berühren! Betrachte diese Karten als Freunde, die Dir helfen und Dich unterstützen wollen!

Nutze die Kraft der »Sterne«! Das Gesetz »wie oben, so unten« spiegelt sich in den Karten wider und zeigt, dass es *kein* Zufall ist, welche Karte Dir zu welchem Zeitpunkt in die Hände »fällt«!

Ich *hoffe*,
dass Dir dieses Kartenspiel in erster Linie ganz viel Spaß macht!
Ich *wünsche mir*,
dass Du aus der großen astrologischen Schatztruhe wertvolle Inspirationen und Ideen für Dein Leben bekommst!
Ich *freue mich*,
wenn diese Karten Dich bei Deinen Entscheidungsfindungen unterstützen.
Ich bin *glücklich*,
dass dieses Kartenspiel zu Dir gekommen ist und Dich begleiten darf!

Viel Vergnügen und aufschlussreiche, freudige Erfahrungen!

# *Nutze die Karten*

*um ...*

**A** ktuelle Fragen zu klären!
**S** chnelle Antworten zu bekommen!
**T** atkräftig Dein Leben zu gestalten!
**R** ückschlüsse zu ziehen!
**O** hne Vorkenntnisse spielen zu können!
**L** eicht Zusammenhänge zu erkennen!
**O** rdnung in eine Situation zu bringen!
**G** egebenheiten zu akzeptieren!
**I** nspiriert zu werden!
**E** ntwicklungsschritte zu verstehen!

**G** anzheitliche Erfahrungen zu machen!
**A** lternativen zu sehen
**N** ützliche Informationen zu erhalten!
**Z** iele zu finden!

**E** rkenntnisse zu integrieren!
**I** nnere Muster zu erkennen!
**N** otwendige Veränderungen zu respektieren!
**F** örderliche Lösungen zu entwickeln!
**A** ktiv zu sein!
**C** hancen zu nutzen!
**H** andeln zu ermöglichen!

# Bevor Du beginnst ...

... möchte ich noch kurz Deine Zeit in Anspruch nehmen:

Du hast sicher auch schon ein Zeitschriftenhoroskop gelesen und Dich darüber amüsiert oder gar geärgert. Diese Horoskope dienen der reinen Unterhaltung und sind nicht auf den einzelnen Leser maßgeschneidert. Trotzdem haben sie manchmal einen wahren Kern. Für Dein persönliches Horoskop brauchst Du jedoch einen Astrologen, der mit Deinem Geburtsdatum, der genauen Uhrzeit und dem Geburtsort die Position der Planeten errechnet. Diese Planetenstellungen kannst Du dann in Deinem persönlichen Horoskopkreis in Form von Symbolen sehen. Die Kunst eines jeden guten Astrologen ist, diese Symbole zu übersetzen, im Zusammenhang zu deuten und Dir den roten Faden in Deinem Leben zu erklären.
In der Abbildung siehst Du einen Horoskopkreis in seiner *Grundform*. Du kannst auf

einen Blick erkennen, welcher Planet zu welchem Tierkreiszeichen und in welches Haus gehört. Außerdem siehst Du, welche Abschnitte von welchen Elementen geprägt sind. **Rot** symbolisiert das Element Feuer, **Grün** die Erde, **Gelb** die Luft und **Blau** das Wasser.

Die 360° des Horoskopkreises werden in zwölf Abschnitte eingeteilt. In der Grundform ergibt das zwölf Schnitze zu je 30° für jedes Tierkreiszeichen und für jedes Haus. Jedem Tierkreiszeichen und dem zugehörigen Haus

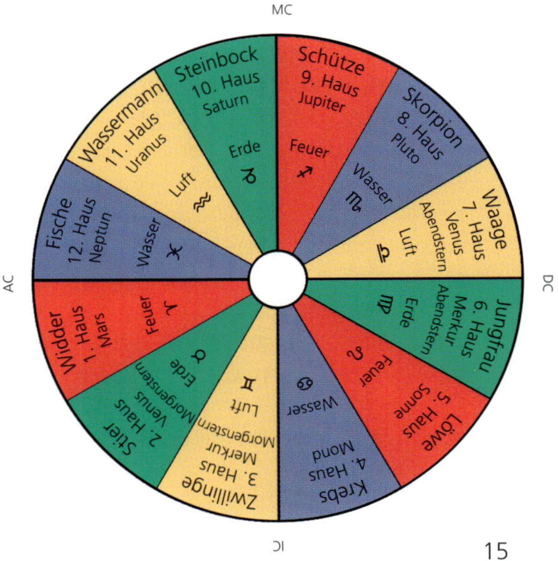

wird ein Planet zugeordnet. (Der Einfachheit halber wird in der Astrologie von Planeten gesprochen, obwohl das *astronomisch* unkorrekt ist). Die *astrologischen* Planeten sind Sonne, Mond, Merkur, Venus, Mars, Jupiter, Saturn, Uranus, Neptun und Pluto*. Da auf zehn Planeten zwölf Tierkreiszeichen und zwölf Häuser fallen, sind Merkur und Venus nicht nur in den Zwillingen und im Stier zu Hause, sondern auch noch in der Jungfrau und in der Waage. In diesem Kartenset gibt es daher Merkur Morgenstern, Merkur Abendstern, Venus Morgenstern und Venus Abendstern.

Wenn Du wissen möchtest, wie *Dein* Horoskop vom Bild her aussieht, findest Du im Internet Webseiten, auf denen Du *gratis* Deine Geburtsdaten eingeben und sofort die Zeichnung von Deinem Geburtshoroskop sehen kannst.

Das Horoskop setzt sich aus dem Kreis mit den 12 Häusern, den 12 Sternzeichen, 10

* Pluto wurde im Jahr 2006 astronomisch der Status eines Planeten aberkannt. Astrologisch ändert das allerdings nicht.

Planeten, einem Planetoiden und verschiedenen Schnittpunkten zusammen. Die Winkelverbindungen, welche die Planeten untereinander eingehen, werden Aspekte genannt. Sie können freundlicher oder herausfordernder Natur sein, das heißt, manche Planeten verstehen sich gut, andere wiederum sind sich nicht so wohlgesonnen.
Das Horoskop wird durch die Achsen in 4 Abschnitte unterteilt. Diese heißen Aszendent (AC), Deszendent (DC), Himmelsmitte (MC) und Himmelstiefe (IC).
Das Horoskop beginnt mit dem Aszendenten, der individuell nach Geburtsdatum, Geburtsminute und Geburtsort festgelegt ist. Er markiert auch den Beginn des 1. Hauses. Die Häuser werden nach unterschiedlichen Systemen berechnet, meist handelt es sich um das System nach Placidus oder um das nach Koch. Durch die Berechnung haben sie unterschiedliche Größen, die aber keinen Einfluss auf die Deutung haben.
Der Astrologe erkennt aus der Anordnung der Sternzeichen in den Häusern, den Positionen der Planeten und Schnittpunkten sowie den Aspekten den Charakter des Fragenden mit all seinen Talenten und Herausforderungen.

Geburtsdaten
Mo. 12/03/2007
9h 30m
Zürich, CH
1hE00m, 8E32, 47N22

**Häusersystem Koch / GOH**

| | | | | | | | |
|---|---|---|---|---|---|---|---|
| **2.** | ♊ | 26 | 29 | 3. | ♋ | 16 | 00 |
| 11. | ♓ | 11 | 03 | 12. | ♈ | 26 | 15 |

Häusersystem Placidus

| | | | | | | | |
|---|---|---|---|---|---|---|---|
| **2.** | ♊ | 24 | 45 | 3. | ♋ | 13 | 31 |
| 11. | ♓ | 29 | 10 | 12. | ♈ | 8 | 57 |

Aspekttabelle

| | | | ☉ | ☽ | ☿ | ♀ | ♂ | ♃ | ♄ | ⚷ | ⛢ | ♆ | ♇ | ☊ | ⚸ |
|---|---|---|---|---|---|---|---|---|---|---|---|---|---|---|---|
| ☉ | ♓ | 21 23 | | | | | | | | | | | | | |
| ☽ | ♐ | 23 36 | □ | | | | | | | | | | | | |
| ☿ | ♒ | 26 16 | | ✶ | | | | | | | | | | | |
| ♀ | ♈ | 23 16 | | △ | ✶ | | | | | | | | | | |
| ♂ | ♒ | 10 51 | | | | | | | | | | | | | |
| ♃ | ♐ | 18 51 | □ | ☌ | ✶ | △ | | | | | | | | | |
| ♄ | ♌ | 19 26R | ⚻ | △ | ☍ | △ | ☍ | △ | | | | | | | |
| ⚷ | ♒ | 13 09 | | | | | ☌ | ✶ | ☍ | | | | | | |
| ⛢ | ♓ | 15 04 | ☌ | | | | | □ | | | | | | | |
| ♆ | ♒ | 20 40 | | ✶ | ☌ | ✶ | | ✶ | ☍ | | | | | | |
| ♇ | ♐ | 28 52 | □ | ☌ | ✶ | △ | | | | | | | | | |
| ☊ | ♓ | 16 07 | ☌ | □ | | | | □ | ⚻ | | ☌ | | | | |
| ⚸ | ♎ | 15 54 | | | | ☍ | △ | ✶ | ✶ | △ | ⚻ | | | ⚻ | |
| AC | ♊ | 1 44 | | | □ | | | | | | | | | | |
| MC | ♒ | 3 21 | | | | | ☌ | | | | | | | | |
| ⊕ | ♓ | 03 57 | | | | | | | | | | | | | |

# Geburtshoroskop

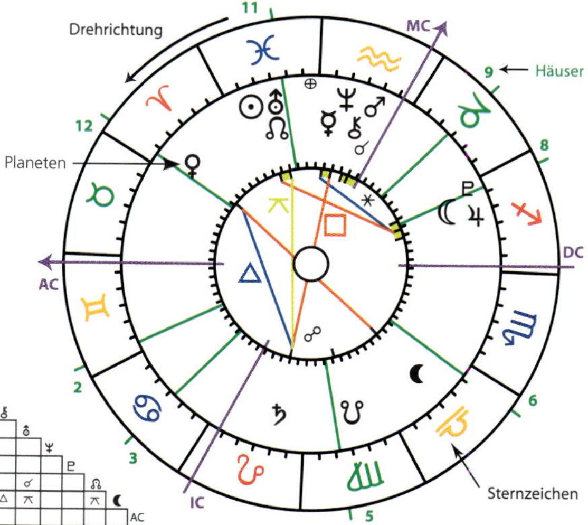


- ☉ Sonne
- ☽ Mond
- ☿ Merkur
- ♀ Venus
- ♂ Mars
- ♃ Jupiter
- ♄ Saturn
- ⛢ Uranus
- ♆ Neptun
- ♇ Pluto
- ⚷ Chiron
- ⊕ Glückspunkt
- ⚸ Lilith
- ☊ aufst. Mondkn
- ☋ abst. Mondkn.
- △ Trigon
- ✶ Sextil
- □ Quadrat
- ☍ Opposition
- ☌ Konjunktion
- ⚻ Quincunx
- ♈ Widder
- ♉ Stier
- ♊ Zwillinge
- ♋ Krebs
- ♌ Löwe
- ♍ Jungfrau
- ♎ Waage
- ♏ Skorpion
- ♐ Schütze
- ♑ Steinbock
- ♒ Wassermann
- ♓ Fische

# *Ganz einfach – Astro-Logisch*
## *Eine Reise durch den Tierkreis*

Die Sonne durchwandert den Tierkreis in einem Jahr. Auf ihrer Reise begegnet sie der Reihe nach jedem der 12 Tierkreiszeichen. Jedes Tierkreiszeichen hat sein eigenes Thema und greift das vorhergehende auf, um es weiterzuentwickeln.

Der astrologische Tierkreis fängt im März mit dem Tierkreiszeichen **Widder** an. Zu der Zeit, wo die Erde aus ihrem Winterschlaf erwacht und dynamisch in den Frühling startet. Alles ist im Aufbruch und voller Energie. Der Wille für einen Neubeginn ist da und wird durch den Widder symbolisiert.

Im zweiten Zeichen, **Stier**, festigt sich die Natur. Die Pflanzen schlagen Wurzeln, breiten sich aus und beanspruchen ihren Platz. Mit der Sonnenwärme entfalten sich die

Blüten immer mehr und verwandeln alles in eine zauberhafte Farbenpracht. Der Besitzanspruch der Natur wird durch den Stier symbolisiert.

Im dritten Zeichen, **Zwillinge**, steht der Sommer vor der Tür, und mit ihm das Gefühl von Freiheit und Leichtigkeit. Die Pflanzen werden groß, rücken in ihrem Wachstum immer näher zusammen und berühren oder vernetzen sich. Diese luftige und leichte Kontaktaufnahme wird durch den Zwilling symbolisiert.

Im vierten Zeichen, **Krebs**, ist Sommer. Die Natur blüht und gedeiht. Die Eroberung des Raumes ist abgeschlossen, jetzt geht es um eine neue Ebene: die Entdeckung des geheimnisvollen inneren Ichs. Mit dem Krebs beginnt die Reise zu sich selbst, zur Seele. Diese Innenschau, verbunden mit tiefen Gefühlen, wird durch den Krebs symbolisiert.

Im fünften Zeichen, **Löwe**, regiert die Hitze. Das Wasser ist knapp, die Erde wird rissig. Nur Pflanzen, die gute und tiefe Wurzeln in einen gesunden Boden geschlagen haben, halten die Intensität aus. Die Stärke, den äußeren Umständen zu trotzen, Schwierigkeiten selbstbewusst und unabhängig entgegenzutreten, und die Lebensbejahung werden durch den Löwen symbolisiert.

Im sechsten Zeichen, **Jungfrau**, geht der Sommer seinem Ende entgegen. Reife Früchte werden eingelagert und Vorrat angelegt. Es geht um Existenzsicherung. Die Vorsorge macht viel Arbeit und erfordert volle Aufmerksamkeit. Dieser Bezug zum praktischen Leben, der Fleiß und Ordentlichkeit verlangt, wird von der Jungfrau symbolisiert.

Im siebten Zeichen, **Waage**, fallen die Blätter von den Bäumen, die Vögel fliegen weg. Die längeren Nächte machen darauf aufmerksam, dass der Winter vor der Türe steht. Alles rückt näher zusammen, Gemeinschaft ist gefragt. Die Verbindung zu den anderen Menschen wird von der Waage symbolisiert.

Im achten Zeichen, **Skorpion**, kommen die Schattenseiten des Lebens an die Oberfläche. Das Wetter ist stürmisch und wirbelt tote Blätter durcheinander. Die Natur nimmt Abschied und ist am »Sterben«. Die eigene Vergänglichkeit wird bewusst. Loslassen und Abschiednehmen werden vom Skorpion symbolisiert.

Im neunten Zeichen, **Schütze**, ist die Natur auf den Winter vorbereitet. Nach dem »Werde-und-Sterbeprozess« des Skorpions erwacht die Sehnsucht nach Unvergänglichkeit, nach Ungebundenheit im Geist, nach einer höheren Kraft. Erkenntnisse werden gesucht, die Sinn- und Seinsuche beginnt. Das geistige Wachstum wird vom Schützen symbolisiert.

Im zehnten Zeichen, **Steinbock**, ist die Natur in Weiß gehüllt. Trotz Suche nach einer höheren Kraft zwingt die Härte des Winters immer wieder auf den Boden der Realität zurück. Das Leben wird zur Aufgabe, die es gewissenhaft zu erfüllen gilt. Verantwortung übernehmen wird vom Steinbock symbolisiert.

Im elften Zeichen, **Wassermann**, macht sich der Wunsch nach Befreiung aus den Händen des eisigen Winters bemerkbar. Aus der Enge des Zusammenlebens und Zusammengerücktseins will ausgebrochen werden. Bewegung wird spürbar. Rebellieren und neue Ideen hervorbringen wird vom Wassermann symbolisiert.

Im zwölften Zeichen, **Fische**, geht das astrologische Jahr zu Ende. Alle Abschnitte des Lebens sind gelebt, es ist Zeit, sich zurückzuziehen. Allein-sein und All-eins-sein ist der größte Wunsch. Freiwilliges Zurücktreten wird von den Fischen symbolisiert.

Und somit schließt sich der Kreis des Lebens, so dass mit dem Widder ein neuer Lebenskreis beginnen kann.

# *Die Planeten*

Die Planeten symbolisieren menschliche Eigenschaften. Sie werden in diesem Kapitel nicht nach der astronomischen Reihenfolge beschrieben, sondern nach der Reihenfolge der Tierkreiszeichen. Der astrologische Tierkreis fängt mit dem Widder an, darum findest Du den Mars, der zum Widder und zum ersten Haus gehört, auch am Anfang (siehe Abbildung Seite 15).

Da alles auf der Welt in der Polarität ist, trifft das auch auf die Planeten zu. Darum hat jeder Planet hier auch eine Schattenkarte. Diese beschreibt die Herausforderungen der Themen mit den entsprechenden Lösungsvorschlägen.

Zu diesem Spiel gehört auch die Planetenkarte von Chiron. Chiron ist ein Planetoid, der erst 1977 entdeckt wurde. Er ist für die Feindeutung eines Horoskops wichtig, obwohl er unter den Astrologen noch nicht eindeutig einem Tierkreiszeichen zugeordnet werden konnte. Deshalb hat er hier auch keine Schattenkarte.

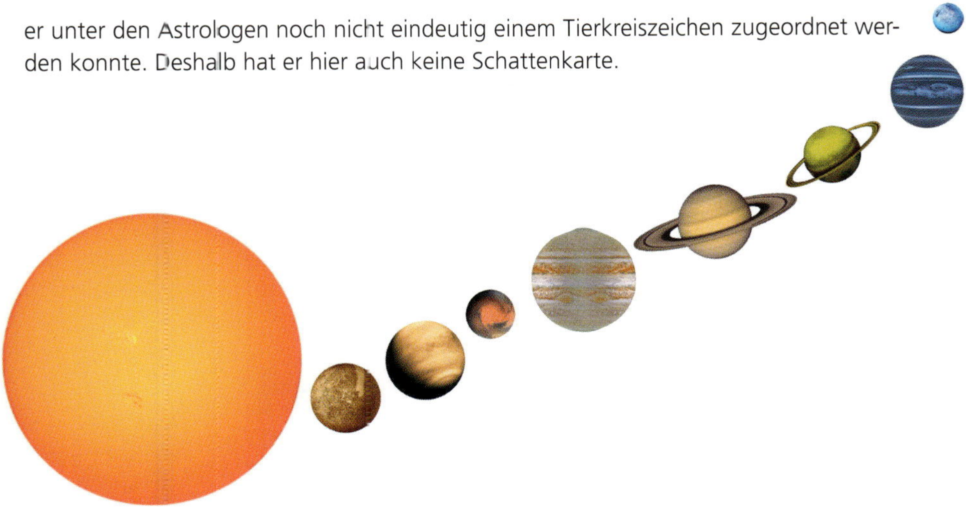

# Mars

## Aktionen

*Ich setze mich durch.*

**Allgemein:**

Mars, der Gott des Krieges und des Frühlings, symbolisiert Energie, Lebensfreude, Kampfeslust, Tat- und Triebkraft. Er ist es, der für unsere Leistungsfähigkeit und unsere Durchsetzungskraft verantwortlich ist, mit der Hindernisse aus dem Weg geräumt und Anliegen vollbracht werden können. Der Mars liebt Herausforderungen, ist spontan und mutig. Durch Schwierigkeiten wird er erst recht zu Taten angespornt. Mit Mars können geplante Vorhaben umgesetzt werden, er schenkt uns Lebensfreude und Energie.

## Essenz:

Wenn die Karte des Mars’ zu Dir kommt, ist es an der Zeit, aktiv zu werden und neue Projekte zu starten. Mit Mut und Selbstvertrauen kannst Du jetzt Ideen, die schon länger verwirklicht werden wollten, in die Tat umsetzen. Vertraue Deiner Lebenskraft und gehe mit Begeisterung ans Werk. Sei geduldig, wenn nicht alles so schnell geht wie Du es Dir vorstellst. Nicht alle können mit Deiner starken Energie mithalten.

## Affirmation:

***Ich bin mir meiner Kraft und Stärke bewusst und nutze sie für meine Anliegen.***

# Schattenkarte Mars

## Streit

*Ich bin aggressiv.*

**Allgemein:**
Der Mars symbolisiert die Freude an Risiko und Wettkampf. Er ist aktiv, will handeln und Hindernisse überwinden. Mit Mars werden alle Zweifel weggesteckt; das Ziel ist Sieg. Die Marsenergie liebt die Herausforderung und stellt sich mutig Konfrontationen. Mars steht auch für unseren Überlebensinstinkt und drückt sich über den Geschlechtstrieb aus. Auf der Schattenseite zeigt sich Mars streitsüchtig und aggressiv. Mit seinem überschäumenden Temperament kann er ungehalten und sehr verletzend sein.

## Essenz:

Die Schattenkarte des Mars' ist zu Dir gekommen. Du willst gewinnen! Dennoch klappt es nicht! Was hat Dich daran gehindert, Sieger zu werden? Werde Dir bewusst, dass in diesem Fall möglicherweise Deine Energie mit Dir durchgegangen ist, und Du Opfer Deiner eigenen Kraft geworden bist. Wenn Du Dir für Deinen Sieg einen Plan ausdenkst, indem Du Dich auf Deine eigenen Stärken konzentrierst und an sie glaubst, wirst Du erkennen, wie Du Dein Vorhaben in die Tat umsetzen kannst. Nimm Dir die Zeit der Vorbereitung! Halte Deinen Fokus – und der heißt Sieg!

## Affirmation:

***Ich halte an meiner Idee zu siegen fest***
***und konzentriere mich auf meine Stärken.***

# Venus Morgenstern

## Liebe

*Ich liebe das Schöne.*

### Allgemein:

Venus gilt als Göttin der Schönheit, der Harmonie und der Liebe. Sie ist Symbol für die lustvolle und sinnliche Seite in uns, für Zärtlichkeit, Zweisamkeit, Verschmelzung und Anziehung. Sie steht für das Empfinden, für die Weiblichkeit und für die Hingabe. Venus ist die Energie, die uns die angenehmen Seiten des Lebens bringt. Sie will beglücken und uns auf die Schönheiten des Alltags aufmerksam machen.

### Essenz:

Wenn die Karte der Venus als Morgenstern zu Dir kommt, möchte sie Dich ermuntern, die Liebe auf allen Ebenen und in allen Dimensionen zu genießen: körperlich, geistig und seelisch. Die Kraft der Liebe ist eine der wichtigsten Fähigkeiten – sie kann Berge versetzen und das Unmögliche möglich machen. Deine Liebe kannst Du allem und jedem schenken: Menschen, Tieren, der Natur, der Arbeit, dem Beruf, Gegenständen ... aber vor allem Dir selber. Werde Dir Deiner Liebenswürdigkeit bewusst und liebe Dich selber genauso, wie Du andere, Deinen Partner oder Deine Familie liebst.

## Affirmation:

***Ich lasse meine Liebeskraft fließen***
***und verschenke meine Liebe aus vollstem Herzen.***

# Schattenkarte Venus Morgenstern

## Liebesentzug

*Ich passe mich an.*

**Allgemein:**

Die Venus steht symbolisch für alles Schöne im Leben und für die Liebe. Wenn wir uns verlieben und unser Herz verschenken, ist Venus mit im Spiel. Sie steht für Liebesbeziehungen, Partnerschaften, Gemeinsamkeiten und bestimmt, wie viel Nähe wir Menschen brauchen.

Die Venus verkörpert Sinnlichkeit, Erotik, Hingabe und Fruchtbarkeit.

Die Venus hat aber auch ihre Schattenseiten: Sie kann verführen und in tiefe Abgründe locken, sie kann eitel und eifersüchtig sein und sich in Leidenschaften verlieren.

## Essenz:

Du hast Venus Morgenstern als Schattenkarte gezogen und es geht um die Liebe. Die Liebeskraft ist das größte Geschenk, das wir bekommen haben. Sich der Liebe aus ganzem Herzen selbstlos hingeben zu können, ist eine der schwierigsten Aufgaben. In welchem Bereich Deines Lebens hast Du das Gefühl, Dich nicht ganz hingeben zu können? Hast Du Angst, wenn Du Dich hingibst, gleichzeitig auch einen Teil von Dir aufzugeben? Die reine Hingabe hat weder mit Verzicht noch mit sich opfern zu tun. Hingabe ist Liebe in reinster Form. Sich ohne Erwartungshaltungen hinzugeben und ohne zu wissen, was zurückkommt, ist selbstlos, bedeutet Größe und Stärke. Pflege Deine Hingabe und Du wirst an ihr wachsen. Die Hingabe verändert Dein Leben!

## Affirmation:

***Ich erlaube mir,***
***mich jetzt voll und ganz dem Leben hinzugeben.***

# Merkur Morgenstern
## Informationen

*Ich denke und spreche.*

### Allgemein:

Merkur, der Götterbote, ist der Vermittler von Informationen. Als Morgenstern symbolisiert er die Sprache, das Denken und die Kommunikationsmöglichkeiten. Merkur sammelt Wissen, will lernen und weitergeben. Schnelles logisches Denken, Kombinieren und schlagfertiges Argumentieren sind seine Stärken. Merkur ist ein geschickter Verhandler.

### Essenz:

Wenn die Karte des Merkur Morgensterns zu Dir kommt, stehst Du möglicherweise an einer Kreuzung Deines Lebens. Etwas ist im Umbruch, aber das Neue hat sich noch

nicht gezeigt. Sei offen, was Dir das Leben jetzt bringt! Das kann ein Kontakt zu einem Menschen sein, welcher Dir im richtigen Moment das Richtige sagt, das kann ein Buch sein, das Dir im richtigen Moment »zufällt« oder eine Situation, die schnell Klarheit bringt. Diese Karte will auf Neues aufmerksam machen, Deine Wahrnehmungsfähigkeit verbessern und Dir zu neuen, geistigen Erkenntnissen verhelfen.
Sprich mit Menschen und höre gleichzeitig auf die Stimme Deines Herzens.
Oftmals sind es die leisen Botschaften aus der Stille, die Großes bewirken.

**Affirmation:**

***Ich höre auf das,
was wichtig für mich ist.***

# Schattenkarte **Merkur** Morgenstern

## Missverständnisse

*Ich drücke mich unklar aus.*

**Allgemein:**
Der Merkur symbolisiert den Verstand, das praktische Denken, den Geschäftssinn und den Handel. Als Morgenstern führt er durch den Tag und steht für alle anfallenden Tagesaktualitäten. Er fördert die geistigen Aktivitäten und den kommunikativen Austausch. Merkur Morgenstern verleiht Redegewandtheit und Schlagfertigkeit. In der Mythologie hatte Merkur auch Freude daran, andere übers Ohr zu hauen. Deshalb wurde er auch zum Gott der Diebe ernannt. Die Schattenseiten des Merkur Morgensterns sind Missverständnisse in der Kommunikation. Die falsche Wortwahl kann zu Unklarheiten oder gar Verletzungen im zwischenmenschlichen Bereich führen. Bindende Aussagen und Versprechungen werden nicht ernst genommen.

## Essenz:

Die Schattenkarte des Merkur Morgensterns ist bei Dir. Alte Themen, von denen Du geglaubt hast, sie seien schon längst vergangen und erledigt, tauchen wieder auf. Sie kommen möglicherweise in einer anderen Form an die Oberfläche, aber die Grundproblematik ist dieselbe wie früher. Wenn ein Thema nochmals zu Dir kommt, heißt das, dass Du es in der Vergangenheit verdrängt oder zu wenig aufgearbeitet hast. Die Thematik konnte sich nicht auflösen. Mit dieser Karte will die Herausforderung neu angeschaut, bearbeitet und endgültig erlöst werden. Nimm diese Schwierigkeit als Chance und schenke ihr Deine ungeteilte Aufmerksamkeit. Erlöse sie und freue Dich über Deine neu gewonnene Freiheit!

## Affirmation:

***Ich erlöse alte Themen und entlasse sie in Liebe.***

# Mond

## Emotionen

*Ich spüre mich.*

### Allgemein:

Der Mond bedeutet Wechsel und Wandel und ist für unsere Launen und Stimmungen in allen Facetten verantwortlich: Glück, Trauer, Fröhlichkeit, Gereiztheit usw. Der ganze Gefühlsbereich, der Instinkt, das Unbewusste und die Tiefen der Seele gehören zum Mond-Erleben. Er steht für unser Grundempfinden, für das Unsichtbare und Verborgene. Der Mond symbolisiert unser Verlangen nach Schutz, nach Geborgenheit und Wärme. Das Bedürfnis nach emotionalen Kontakten gehört auch in den Zuständigkeitsbereich der Mondkraft.

## Essenz:

Die Karte des Mondes möchte Dich ermutigen, jetzt ganz besonders auf Deine eigenen Gefühle zu achten. Höre auf Deine innere Stimme und vertraue ihr! Lass die Emotionen kommen und gehen, so wie die Gezeiten kommen und gehen. Es sind natürliche Zyklen, und eine Phase geht fließend in die nächste über. Deine Gefühle sprechen aus den unterschiedlichsten Bereichen und tiefsten Ebenen zu Dir. Kannst Du alle hören, orten und einordnen? Oder kümmerst Du Dich nur um die »lauten« Gefühle wie Freude, Wut, Schmerz oder Trauer? Öffne Dich für alle Deine Emotionen, auch wenn sie noch so leise anklopfen. Nimm sie ernst und lass sie an die Oberfläche kommen. Beachte und respektiere sie, und sie werden Dich mit tiefster Intuition und Einfühlsamkeit beschenken.

## Affirmation:

***Meine Gefühle sind mir wichtig. Ich nehme mir Zeit und schenke ihnen Aufmerksamkeit, um sie dann in Liebe zu entlassen.***

Schattenkarte **Mond**

# *Verstimmungen*

*Ich bin launisch.*

## Allgemein:

Der Mond symbolisiert die verborgenen Seiten des Menschen. Dazu gehören das Unbewusste, die Seele, das Grundgefühl und alle spontanen Emotionen. So wie der Mond für die Gezeiten der Meere verantwortlich ist, steht er auch für alle Arten von Wechsel und Wandel und den natürlichen Zyklus, wie eine Phase fließend in die nächste übergeht. Der Mond wird auch mit der Mutter, dem Heim, der Familie und dem »Inneren Kind« in Verbindung gebracht. Die Herausforderungen des Mondes sind die Existenzängste, die immer wieder kommen und gehen und oft wenig mit der Realität zu tun haben. Die Vorstellung, Fülle und Sicherheit zu verlieren, führen zu Launenhaftigkeit oder Antriebsschwäche.

## Essenz:

Die Schattenkarte des Mondes ist zu Dir gekommen. Deine Verletzungen liegen in den Tiefen Deiner Seele verborgen. Nimm Dich in den Arm und sprich liebevoll mit Deinem »Inneren Kind«. Bitte es, Dich zu seinen Wunden zu führen und sie zu benennen. Nur so kannst Du einen Zugang zu ihnen finden und sie erlösen. Mach bei diesem vielleicht schmerzhaften Prozess keine Schuldzuweisungen – gegenüber niemandem! *Du* hast *jetzt* die Möglichkeit, Deine inneren Fesseln zu sprengen und alle negativen Gefühle und Ängste in die Freiheit zu entlassen. Erst wenn Du frei bist von emotionalen Verstrickungen, kannst Du Dein ganzes Potenzial entfalten. In Deiner größten Schwäche liegt gleichzeitig auch immer Deine größte Stärke!

## Affirmation:

***Ich löse alle hemmenden emotionalen Verstrickungen und übernehme selber die Verantwortung für mein Leben.***

# Sonne

## Zentrum

*Ich kenne mich.*

**Allgemein:**

Die Sonne steht für das Ego des Menschen und wie er »scheint«. Sie symbolisiert das ureigene Ich, die Lebenskraft, die Ausstrahlung. Im Horoskop ist die Sonne das Kernstück der Persönlichkeit, unser Zentrum. Mit der Sonne wissen wir, wer wir sind und was wir wollen. Sie ist unser innerer Antrieb und unsere schöpferische Kraft. Dank der Sonne erleben wir uns in unserer Einmaligkeit. Die Sonne stellt das männliche Prinzip dar, das dem Menschen Power gibt.

## Essenz:

Wenn Du die Karte der Sonne gezogen hast, möchte sie Dich auffordern zu prüfen, welche Richtung Du Deinem Leben geben willst. Entspricht der eingeschlagene Weg Deinem innersten Bedürfnis? Oder bist Du unterwegs ohne Ziel? Wenn Dein Bewusstsein erwacht ist, können Richtungen jederzeit geändert werden. Geh den Weg, der Dich zu Dir selber führt. Finde heraus, wer Du wirklich bist und was Du von Dir zeigen willst. Geh in diese Richtung, wo Du Dein Ziel vermutest und führe ein selbstbestimmtes Leben!

Lass Deine innere Sonne erstrahlen, vertraue diesem Licht – es wird Dich führen.

## Affirmation:

***Ich weiß, wer ich bin und was ich will.***

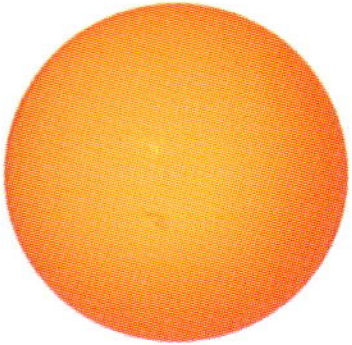

Schattenkarte **Sonne**

# Aus-dem-Zentrum gefallen

*Ich bin egozentrisch.*

## Allgemein:

Die Sonne symbolisiert das Leben, die Ausstrahlung, die eigene Kraft, unsere innere Mitte. Die Sonne im Horoskop macht unsere Persönlichkeit aus und zeigt, wer und wie wir sind. Die Sonne führt uns durchs Leben. Die Schattenseite der Sonne ist ein kleines, selbstbezogenes Ego, das stur, verschlossen und uneinsichtig lebt, ohne klare Linie und ohne »roten Faden«. Die Schatten-Sonne ist Ich-bezogen und egozentrisch und will immer im Mittelpunkt stehen.

## Essenz:

Wenn die Schattenkarte der Sonne zu Dir kommt, bist Du möglicherweise aus Deinem Zentrum gefallen. Das kann Stress gewesen sein, der Dich bis an Deine Grenzen herausforderte, ein »Schicksalsschlag«, den Du zu wenig verarbeiten konntest oder eine tiefe Trauer, die Du nicht richtig durchlebt hast. Damit Du Dich wieder zentrieren kannst, mach eine kleine Übung: Geh in Dein Inneres und spüre nach, was Dich aus Deiner Mitte fallen ließ. Denke nicht an Deine Sorgen! Besinne Dich auf Deine Kraft und Stärke, die Dich immer begleitet, wenn es Dir gut geht.

Nimm diese Kraft, auch wenn Du sie nur als kleinen Punkt wahrnimmst, und lasse sie zu einem großen Feuerball anwachsen, der Dich ganz ausfüllt und über Dich hinauswächst. Wiederhole diese Übung so oft Du kannst. Die Sonne in Dir wird bald wieder aufgehen und Dich innerlich und äußerlich strahlen lassen.

## Affirmation:

***Ich bin in meiner Mitte und lasse meine innere Sonne strahlen.***

# Merkur Abendstern
## Erledigen

*Ich denke sachlich.*

**Allgemein:**

Merkur Abendstern steht für das pflichtbewusste, vorsorgende, analytische und praktische Denken, wobei der Nutzeffekt und die Zukunft stets berücksichtigt werden. Er ordnet alle Eindrücke objektiv und sachlich, denkt genau darüber nach und zieht erst dann vernünftige Schlüsse daraus. Er bezieht sich auf eigene Erfahrungen oder nimmt sie aus zuverlässiger Quelle – das verleiht ihm Glaubwürdigkeit.

Merkur Abendstern deckt alle Unregelmäßigkeiten auf und ist überall dort in seinem Element, wo Genauigkeit oberstes Gebot ist, wie beim buchhalterischen Arbeiten oder bei Korrekturen. Er interessiert sich für alle Wissenschaften, die beweisbar sind.

## Essenz:

Du hast die Karte Merkur Abendstern gezogen. Alles, was es zu ordnen gibt, im Innen wie im Außen, verspricht erfolgreich zu werden, und Dir Erfüllung zu bringen. Alle Arbeiten, die Du schon lange beenden wolltest, beende jetzt! Wenn Du über etwas nachdenken wolltest, denke jetzt! Wenn Du mit jemandem schon lange über ein bestimmtes Thema oder eine Situation sprechen wolltest, dann sprich jetzt!

Diese Karte unterstützt Dich dabei, die richtigen Worte zu finden, und das Gespräch fokussiert auf den Punkt zu bringen. Lass Dich von Deiner Weisheit führen und denke daran, dass alles, was Du sagst, aus Deinem tiefen inneren Wissen gewachsen ist.

## Affirmation:

***Ich nutze die Zeit und spreche alles an und aus, was mir auf der Seele liegt.***

# Schattenkarte **Merkur** Abendstern

## Nörgeln

*Ich kritisiere.*

**Allgemein:**

Merkur, der Vermittler von Botschaften, schenkt uns die Fähigkeit zu lernen und zu kommunizieren. Er symbolisiert Sprache, Intellekt und Logik. Merkur lässt uns auf die Umwelt zugehen, sie erkennen und begreifen. Wir lernen Neues dazu, ordnen und verarbeiten die Eindrücke und geben sie weiter. Merkur hat einen ausgeprägten Wissenshunger, und sein Allgemeinwissen ist beachtlich. Er steht aber auch für das Nervensystem, welches Informationen innerhalb des Körpers weiterleitet. Wenn der Merkur seine Schattenseiten zeigt, weiß er alles besser und wirkt belehrend. Er kann perfektionistisch werden, sich auf die Fehler anderer fixieren und sich im Detail verlieren. Das führt leicht zu sprachlichen Missverständnissen und Verletzungen.

## Essenz:

Du hast die Schattenkarte des Merkur Abendsterns gezogen. Wundere Dich nicht, wenn Situationen sich anders entwickeln, als Du Dir das vorgestellt hast. Wenn etwas aus dem Ruder zu laufen droht, sich Umbruch oder gar Wandel abzeichnet, vermeide Kritik, die sich auf Deine Umgebung oder auf andere Menschen richtet. Gib keine Energie in äußere Schwierigkeiten, zentriere Deine Kraft nach innen und bleib bei Dir! Das Leben spiegelt Dir nur Deinen inneren Zustand wider. Nimm die Hindernisse als Chance wahr und freue Dich über die Einsichten, die Dich Deiner Weisheit ein großes Stück näher bringen.

## Affirmation:

***Ich gebe die Kontrolle ab und bin im Vertrauen, dass sich alles zum Besten entwickelt.***

# Venus Abendstern

## Harmonie

*Ich liebe die Begegnung.*

### Allgemein:

Venus, die Göttin der Liebe und Schönheit, verkörpert als Abendstern auch das Bedürfnis nach Muse, Harmonie und Zweisamkeit. Sie drückt ihren Schönheitssinn in Form von liebevollen Beziehungen und gesellschaftlichen Begegnungen aus.
Venus Abendstern sucht Ausgleich und Gemeinsamkeit und symbolisiert, wie auf Mitmenschen und Partner eingegangen wird. Sie ist bestrebt, einen dauerhaften, angenehmen Zustand zu erreichen und zu halten. Venus als Abendstern zeigt aber auch, wie man sich abgrenzen kann und wie angenommen und wertvoll man sich fühlt.

## Essenz:

Die Karte der Venus als Abendstern ist zu Dir gekommen. Eine Beziehung – es kann auch eine geschäftliche sein – plätschert nur noch so vor sich hin. Die anfängliche Motivation ist abgeflaut, der Alltag hat den letzten Funken Intensität geschluckt und Gleichgültigkeit hat sich ausgebreitet. Desinteresse ist aber ein denkbar schlechter Berater. Um Dich aus dieser Lage zu befreien, werde Dir darüber klar, dass *nichts* auf der Welt selbstverständlich ist. Begegne bewusst und achtungsvoll gerade *dem*, was für Dich normal geworden ist und gib ihm das Gefühl von Einmaligkeit. So kannst Du das Feuer der Begeisterung immer wieder von Neuem entfachen und einen dauerhaften, ausgeglichenen und glücklichen Zustand erreichen.

## Affirmation:

***Ich begegne den Selbstverständlichkeiten in meinem Leben wieder achtungsvoll und gebe ihnen das Gefühl von Einmaligkeit.***

Schattenkarte **Venus** Abendstern

# Abgrenzung

*Ich passe mich an.*

## Allgemein:

Die Venus als Abendstern steht symbolisch für Harmonie und Gemeinsamkeit, für Nähe, Sinnlichkeit und Sehnsucht und auch für das Abschiednehmen: Der Tag geht zu Ende und die Nacht kommt. Die Arbeit ist beendet und der Feierabend beginnt. Das ist die Zeit, in der man sich den Schönheiten und Genüssen des Lebens widmen kann: Kultur, Vergnügen, Freunde, Zweisamkeit ...

Die Schattenseiten der Venus als Abendstern sind Selbstverliebtheit oder Eitelkeit. Wenn sie zu wenig Beachtung findet, kann sie auch unangenehm auffällig reagieren.

## Essenz:

Die Schattenkarte der Venus als Abendstern hat Dich gefunden. Lass jetzt einen großen Teil Deiner Energie in Beziehungen und Freundschaften fließen. Pflege Kontakte zu *den* Menschen, mit denen Du Einswerden und wachsen kannst. Stelle Dich der Tatsache, dass es in Gemeinschaften auch Reibereien und Meinungsverschiedenheiten gibt. Wenn jemand eine andere Ansicht hat, akzeptiere diese und sieh sie als Bereicherung in Deinem Leben. Eine andere Anschauung hat nichts mit Dir und Deiner Person zu tun. Vertritt *Deinen* Standpunkt genauso bestimmt wie Dein Gegenüber und sage nicht »ja« oder »nein« aus Angst vor Harmonieverlust, nach dem Motto: »Wenn ich nichts verändere, bleibt alles im Gleichgewicht«. Zugeständnisse im Sinne von »Fair Play« und »Win-win-Situationen« sind wichtig, hier kannst Du Punkte machen!

## Affirmation:

***Ich stehe zu meiner Meinung***
***und werde gerade deswegen von den anderen geliebt.***

# Pluto

## Leidenschaft

*Ich bin machtvoll.*

**Allgemein:**

Pluto symbolisiert den kompromisslosen und intensiven Teil in uns. Mit Pluto können wir das Beste erreichen und die größten Kräfte mobilisieren. Sein gewaltiges Potenzial schenkt uns die größte Leistungsfähigkeit und Intensität. Das entfaltet in uns ein enormes Energiepotenzial, welches auch über tiefe Krisen hinweghelfen kann. Pluto steht für Gegensätze, wie Macht und Ohnmacht, Liebe und Hass, Opfer und Täter oder Leben und Tod. Pluto konfrontiert uns immer wieder mit der Erkenntnis, dass wir Menschen nur ein kleines Glied in einer unendlichen Kette sind, von irgendwoher kommend und irgendwohin gehend. Dass wir als Einzelne in unserer Umgebung zwar etwas bewirken und verändern können, aber universell gesehen einem Staubkorn in der Wüste gleichen.

## Essenz:

Die Karte des Pluto fordert Dich auf, Dich zu fragen, an welche negativen Gefühle Du Dich immer wieder selbst fesselst und bindest. Ist es Einsamkeit, Hass, Neid, Wut? Mit diesen selbstverletzenden emotionalen Mustern wirst Du Dich als Opfer fühlen und eine Ohnmachtshaltung erleben. Diese hindert Dich, Deine Gedanken frei und objektiv fließen zu lassen. Das Resultat ist, dass Du Dich in Deinem ganzen Wesen blockierst und Deiner Entwicklung im Wege stehst. Akzeptiere diesen Teil in Dir, lerne mit ihm umzugehen, aber gib ihm keine Nahrung mehr. Befreie Dich! Nimm diese enorme Kraft, die Du für diese unproduktiven Gedanken aufbringst, verwandle sie ins Positive und setze sie zum Wohle aller ein. Diese Transformation erfordert Demut, aber sie wird Deine Gefühle von Einsamkeit in Gemeinsamkeit, von Hass in Liebe, von Neid in Anerkennung und von Wut in Lebensfreude verwandeln.

## Affirmation:

***Ich habe die Eigen-Macht und stelle mich meinen verdrängten Seiten.***

# Schattenkarte Pluto

## Opfer

*Ich fühle mich ohnmächtig.*

**Allgemein:**

Pluto ist in der griechischen Mythologie der Gott der Unterwelt. In der Astrologie steht er symbolisch für die Transformation. Das hat nichts mit dem leiblichen Tod zu tun! Es betrifft vielmehr den Abschluss oder die Veränderung einer Lebensphase. Pluto symbolisiert Gegensatz und Vereinigung. Er wirkt in Extremen. Extreme sind Ausnahmezustände, die die ganze Kraft und den ganzen Einsatz erfordern, um damit fertig zu werden. Das mobilisiert einerseits ungeahnte Kräfte, die über die eigenen Grenzen hinauswachsen lassen und das Unmögliche möglich machen. Andererseits kann die Schattenseite des Plutos zu zerstörerischen Zwängen und Kontrollverhalten führen, und zwar so lange, bis alles hoffnungslos verloren scheint. Doch genau an diesem Punkt beginnt die Transformation.

## Essenz:

Die Schattenkarte des Pluto ist zu Dir gekommen. Werde Dir Deiner zerstörerischen Kräfte bewusst, die als Sabotageprogramme tief verborgen in Deinem Innersten schlummern. Wenn sich eine Situation in Deinem Leben von einer Sekunde zur anderen verändert, können diese Energien ohne Vorwarnung urplötzlich aufbrechen und wie ein Vulkan explodieren! Falls Du derzeit in unerklärbaren Ängsten steckst, ist die einzige Möglichkeit, diesen Kräften zu entkommen: 1. Widerstand oder Kampf aufgeben! 2. Ängste akzeptieren! 3. »Zwanghafte« Umlenkung und Beschäftigung mit konstruktiven Lebensinhalten! – Pluto selbst schenkt Dir die Kraft dazu!

## Affirmation:

***Ich akzeptiere meine Sabotageprogramme und besitze die Fähigkeit, sie aus eigener Kraft ins Licht zu transformieren.***

# Jupiter
## Entwicklung

*Ich nutze meine Möglichkeiten.*

### Allgemein:

Jupiter symbolisiert die Grenzenlosigkeit und das Streben nach geistigem Wachstum; wobei dieses Streben eng mit der eigenen Entfaltungskraft und Sinnfindung zusammenhängt. Jupiter steht für großes Wissen und umfassende Bildung. Er verkörpert Lebens-Fülle, Großzügigkeit und Offenheit allem gegenüber. Sein Anspruch ist Vollkommenheit und Ganzheit – seelisch, geistig und körperlich.

### Essenz:

Die Karte des Jupiters hat Dich gefunden. Du stehst jetzt an einem Punkt in Deinem Leben, wo die Fragen nach Entfaltung Deines persönlichen Potenzials sowie nach dem allgemeinen Sinn des Lebens von großer Bedeutung sind. Du kannst jetzt wichtige Entscheidungen treffen, die Dein geistiges Weiterkommen fördern. Erlaube Dir, in den Bereichen zu wachsen, die für Dich wichtig sind. Folge Deinen Eingebungen und richte Deinen Fokus auf das, was Du im Moment gerade brauchst. Wenn sich Deine innere Wahrheit im Alltag, im Beruf und in der Partnerschaft widerspiegelt, bist Du auf dem richtigen Weg und im Einklang mit Dir selbst.

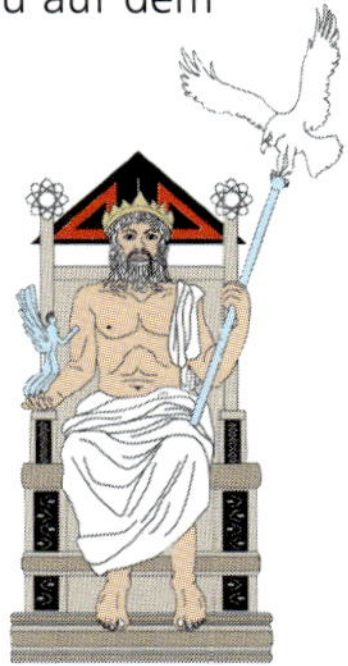

**Affirmation:**

***Ich erlaube mir, auf allen Ebenen zu wachsen und genieße mein Glück.***

# Schattenkarte *Jupiter*

## *Selbstüberschätzung*

*Ich übertreibe.*

**Allgemein:**

Jupiter steht für Offenheit und geistige Toleranz. Er sucht aktiv nach tragenden Lebensgesetzen. Jupiter inspiriert zur Wahrheitsfindung, auch über unser Denken und Vorstellungsvermögen hinaus. Er lässt uns nach etwas »Höherem« suchen, nach dem Sinn des Lebens und nach Vollkommenheit. Jupiter symbolisiert »die guten Gelegenheiten« und die Kraft, mehr zu wollen und mehr aus dem Leben zu machen.

Die Schattenseiten des Jupiters sind Übertreibung, Verblendung oder »Blauäugigkeit«. Wenn die Energie Jupiters wirkt, werden Themen oder Projekte oft »eine Nummer zu groß«.

## Essenz:

Du hast die Schattenkarte des Jupiters gezogen. Es kann sein, dass Du spürst, dass Du Dich mit einem Projekt bereits im Vorfeld übernommen hast. Dann hat es keinen Sinn, im Moment noch mehr Energie in dieses Vorhaben hineinzustecken. Wenn der Weg am Anfang schon steinig ist, könnte das ein »Wink« sein, loszulassen. Nimm zuerst einmal äußerlich Abstand und überdenke alles noch einmal in Ruhe. Überlege Dir jeden einzelnen Schritt und werde Dir bewusst, was Du an Power aufwenden müsstest, um ans Ziel zu kommen. Würde sich der Aufwand trotzdem lohnen? Oder könntest Du dieses Projekt auch zu einem späteren Zeitpunkt unter anderen Voraussetzungen noch verwirklichen? Wenn Du Dir darüber im Klaren bist, wird sich der Weg von selbst zeigen und Dir neue gute Gelegenheiten bieten.

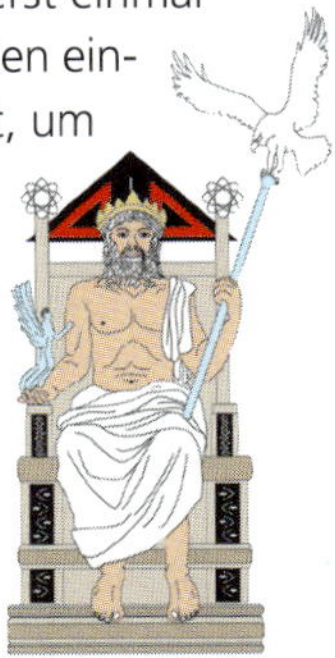

## Affirmation:

***Ich nehme Abstand und entscheide mich dann für den Weg, der am besten für mich ist.***

# Saturn

## *Realität*

*Ich kenne meine Grenzen.*

### Allgemein:

Saturn symbolisiert den strengen und unbarmherzigen Lehrmeister und konfrontiert immer wieder mit der Realität. Er steht für Gesetze, Regeln und Prüfungen. Erst wenn die Lektionen gelernt und überstanden sind, kann auf ein solides Fundament gebaut werden. Er weist immer wieder auf die Grenzen des Machbaren hin und hilft, Realität von Utopie zu unterscheiden. Saturn bedeutet Struktur und Halt, aber auch Ausdauer und Gründlichkeit. Mit seiner Hilfe können große Ziele durch harte (Knochen-)Arbeit erreicht werden.

### Essenz:

Die Karte des Saturns hat Dich gefunden und möchte Dich anregen, darüber nachzudenken, wie oft Du in der letzten Zeit »ja« gesagt hast, obwohl Du eigentlich »nein« meintest. Auch wenn Du Deine persönlichen Grenzen kennst, ist es doch manchmal schwierig, jemandem eine Bitte abzuschlagen. Für eine ungewollte Zusage kann es viele Gründe geben: die Angst, bei einem »Nein« abgelehnt zu werden; die Sorge vor Konsequenzen im Berufsleben. Weitere Gründe sind: weder egoistisch noch herzlos sein zu wollen, oder das Bedürfnis, gebraucht zu werden. Finde heraus, warum es Dir ab und zu schwer fällt, »nein« zu sagen. Nur die Klarheit darüber kann Dir helfen, mit Deinen eigenen Bedürfnissen in Kontakt zu kommen, damit Du Dich richtig abgrenzen kannst. Du bist ein liebenswerter Mensch, auch wenn Du einmal »nein« sagst. Deine Umwelt wird Dich umso mehr respektieren, weil sie Dich und Deine Grenzen wahrnehmen kann.

## Affirmation:

***Ich erlaube mir, auch »nein« sagen zu dürfen und weiß, dass meine Mitmenschen mich trotzdem lieben.***

# Schattenkarte Saturn

## Verzicht

*Ich habe Mangel.*

**Allgemein:**
Saturn symbolisiert die Stabilität, die Sicherheit und die Zeit. Im Wissen, dass alles einmal zu Ende ist, steht er auch für Trennung und Abschied. Saturn bedeutet Schweigen, Verzichten und Zurückgezogenheit, was auch Rückzug in die innere Stille bedeuten kann. Saturn geht den Ursachen oft schmerzlich auf den Grund, aber das, was dann trägt, ist beständig. Saturn fordert Geduld und konsequente Anstrengung. Erst dann kann sich eine Situation in ihrer positiven Form manifestieren. Die Schattenseite des Saturns kann einsam machen und Schmerz und Leid bringen. Saturn trennt, was nicht mehr zusammenpasst, und das kann zu Angst und Angstzuständen führen.

## Essenz:

Die Schattenkarte des Saturns ist zu Dir gekommen. Es ist möglich, dass sich in Deiner persönlichen Ordnung gerade etwas verändert oder verändert hat. Wenn Du Dich zu sehr an Strukturen und Formen festgehalten hast, die sich im Laufe der Zeit überholt haben und plötzlich wegfallen (müssen), kannst Du diese Veränderung als große Bedrohung empfinden. Auch wenn Deine Angst vor der Veränderung noch so groß ist, versuche, Deine Aufmerksamkeit von dieser Angst wegzulenken. Sonst gewinnt sie immer mehr an Bedeutung, und Du lähmst Dich mit der Zeit selber. Das Gegenteil von Angst ist Vertrauen. Vertraue darauf, dass Du auch mit dieser neuen Situation umgehen kannst, dass sie genauso lebenswert ist, und dass alles von einer »Höheren Ordnung« aus zu Deinem Besten ist – dass Du vom Universum getragen bist.

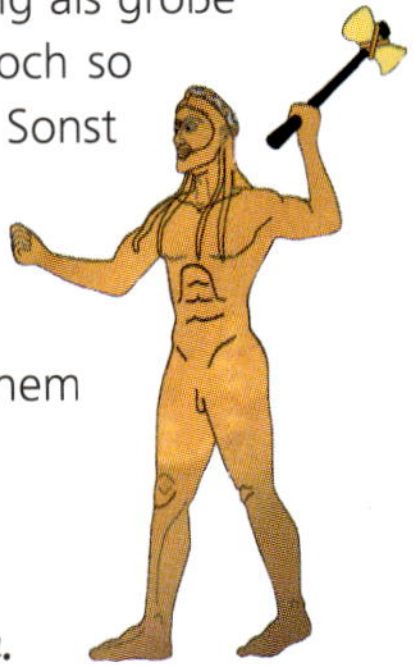

## Affirmation:

***Ich entlasse meine Angst und heiße neue Situationen vertrauensvoll willkommen.***


65

# Uranus

## Inspiration

*Ich bin frei.*

**Allgemein:**

Uranus symbolisiert den Drang nach Veränderung und Freiheit. Er steht für Geistesblitze, Ideen, Erfindungen und Einfälle. Die Uranus-Energie verbreitet die innere und äußere Unruhe, die uns immer wieder antreibt, neue Erfahrungen zu suchen und zu machen. Uranus steht für Abwechslung und neue Erkenntnisse und fördert das geistige Wachstum. Er symbolisiert unkonventionelle oder gar sprunghafte Denkprozesse. Er steht auch für die plötzlichen Veränderungen im Leben. Je mehr an überholten Lebensmustern festgehalten wird, desto mehr wird Uranus ohne Vorwarnung aufrütteln.

## Essenz:

Du hast die Karte des Uranus' gezogen. Stehst Du in Deinem Leben gerade vor einer großen Veränderung? Oder verspürst Du den starken Wunsch, dass Du selber etwas verändern möchtest? Sei offen und tu es! Mit dieser Karte darfst Du Dich ohne Zögern auf Veränderung einlassen. Wenn Du selbst aktiv wirst, kannst Du entscheiden, wie Deine Zukunft aussehen soll und welchen Weg Du gehen willst. Freue Dich an dem, was Du tust! Du bist engagiert! Nutze Deine Inspirationen! Wenn Du mit Deinem ganzen Herzen und Deiner Seele veränderst, kannst Du auch Deine Mitmenschen mitreißen und begeistern! Und dann bekommst Du auch viel leichter Unterstützung – falls Du sie zwischendurch brauchen solltest.

## Affirmation:

***Ich freue mich auf alle Veränderungen und gestalte aktiv meine Zukunft.***

# Schattenkarte Uranus

## Konflikt

*Ich bin gebunden.*

**Allgemein:**

Uranus symbolisiert den schöpferischen Geist, der mit neuen, originellen Ideen glänzt und damit alle Grenzen sprengen kann. Diese Kraft bedeutet überraschende Einsichten, Erkenntnisse und »Aha«-Erlebnisse. Uranus steht auch für den abrupten Wandel. Was jetzt noch tragfähig ist, kann morgen schon morsch sein. Die Schattenseite des Uranus ist der Konflikt zwischen absoluter Freiheit und den Verpflichtungen des täglichen Lebens, zwischen Unabhängigkeit und Abhängigkeit. In der Folge bedeutet Uranus Angst vor Nähe und emotionalen Verstrickungen.

**Essenz:**

Die Schattenkarte des Uranus ist zu Dir gekommen. Wo immer auch Dein Konflikt liegt, es bedarf einer Klärung und Lösung. Hier bietet sich ein Rollen-Spiel an: Stell Dir vor, dass *Du* der Vermittler zwischen Dir und einer anderen Person sein könntest. In dieser Rolle bist Du neutral. Versuche nun Deinem Gegenüber Deinen persönlichen Standpunkt in Gedanken zu erklären und warum es Deiner Meinung nach zu dieser Auseinandersetzung gekommen ist. Was könnte die andere Person antworten? Höre Dir als Außenstehender beide Meinungen genau an und bleibe neutral. Versuche jetzt, *beide* Seiten zu verstehen. Erkläre ihnen, warum es zu dieser Situation kommen konnte, wo die Missverständnisse liegen und was *Du* als außenstehende Person für einen Lösungsansatz sehen würdest. Durch dieses kleine geistige »Mediator-Spiel« kannst Du viel besser erkennen, was passiert ist. Danach kannst Du das klärende Gespräch in der Realität führen.

**Affirmation:** ***Ich versuche, in einer Konfliktsituation die andere Seite zu verstehen und kann dadurch viel gelassener ein klärendes Gespräch führen.***

# Neptun

## Träume

*Ich folge meiner Sehnsucht.*

### Allgemein:

Neptun ist der innere Mystiker und symbolisiert die Spiritualität, die universelle Menschenliebe, die Hingabe und die Inspiration. Er steht für den Wunsch der Verschmelzung, auf irdischer wie auf göttlicher Ebene. Er sehnt sich nach dem Paradies, wo es keine Grenzen gibt und alles mit allem All-Eins und in All-Liebe verbunden ist. Neptun wird mit Träumen, Visionen und Hilfsbereitschaft in Verbindung gebracht, aber auch mit Kreativität und Schönheit, die über das Alltägliche hinausgehen.

### Essenz:

Du hast die Karte des Neptuns in der Hand. Nimm diese Karte zum Anlass, einen

Ausflug in die Welt Deiner Träume zu machen. Damit Du mit ihnen »arbeiten« kannst, musst Du Dich zuerst an sie erinnern können. Geträumt hast Du auf jeden Fall, auch wenn Du jetzt keinen Zugang mehr dazu hast! Um die Erinnerung zu trainieren, könntest Du Papier und Stift ans Bett legen und sofort beim Aufwachen alles aufschreiben, was Du noch weißt. Schreibe auf, solange Du noch liegst. Wenn Du aufstehst, und mit den Füßen den Boden berührst, bist Du symbolisch in der Realität angekommen, und die Erinnerungen sind wie verflogen. Wenn Du Deine Träume regelmäßig notierst, wird es Dir allmählich leichter fallen, Dich an sie zu erinnern. Die Träume haben eine eigene Sprache. Eines Tages wirst Du sie verstehen!

## Affirmation:

***Ich schenke meinen Träumen Aufmerksamkeit***
***und bekomme dadurch einen tiefen Einblick in mein Innerstes.***

# Schattenkarte Neptun

## Illusion

*Ich lasse mich täuschen.*

### Allgemein:

Neptun ist der Planet der Spiritualität und symbolisiert die feinstoffliche Welt. Er steht für die höchsten Ideale und die allumfassende Liebe. Mit Neptun sind »erleuchtete« Visionen möglich, die Sehnsucht nach einer anderen Welt aufkommen lassen. Diese Sehnsucht kann zur totalen Hingabe führen, zur Eigen-Aufgabe, zu Weltflucht oder Sucht.

Neben der Sucht ist Illusion und Verblendung eine weitere Schattenseite des Neptuns. Er kann die Grenzen zur Realität auflösen und den Halt verlieren lassen. Neptun kann Gefühle vernebeln und Phantasien wecken, und diese Vorstellungen haben dann nichts mehr mit der Wirklichkeit zu tun.

## Essenz:

Du hast die Schattenkarte des Neptuns gezogen. Es ist für Dich jetzt ganz besonders wichtig, Deine Projekte und Vorhaben genau zu prüfen und unter die Lupe zu nehmen. Es könnte sein, dass sich hinter einem verlockenden Angebot eine Täuschung verbirgt. Bevor Du irgendetwas unterschreibst und Dich bindest, schau zuerst hinter die Kulissen, beleuchte das Thema von allen Seiten, und lass Dir genügend Zeit zum Überlegen. Auch wenn etwas noch so verlockend klingt und Du total begeistert bist, könnten die Dinge auf den zweiten Blick ganz anders aussehen. Die Folge einer unüberlegten Zusage wäre eine Enttäuschung. Und eine Ent-Täuschung ist nichts anderes als das Ende einer Täuschung, die Dich unsanft wieder in die Realität zurückholt.

## Affirmation:

***Ich prüfe meine Vorhaben sorgfältig und akzeptiere jeden Ausgang.***

# Chiron

## Verletzbarkeit

*Ich heile.*

### Allgemein:

In der griechischen Mythologie ist Chiron ein Kentaur mit einem menschlichen Oberkörper und einem Pferdeleib. Er leidet an einer unheilbaren Wunde. Obwohl er sich intensiv mit Naturheilkunde auseinandersetzt, kann er sich nicht selbst heilen. Er lernt, seine Verletzung in Demut anzunehmen und gibt seine fundierten Kenntnisse als Lehrer weiter. Chiron symbolisiert in der Astrologie den verwundeten Heiler.

### Essenz:

Die Karte des Chiron hat Dich gefunden. Denke Dich in eine neue Freiheit! Wie oft hast Du Dich schon selbst eingeengt, weil Du glaubtest, dies oder jenes könne nicht möglich sein. Nur weil etwas jenseits des Bewusstseins und des Fassbaren liegt, heißt das noch lange nicht, dass es inexistent ist. Gedankliche Begrenzungen sind eine rein menschliche Erfindung. Für Dein Denken bist nur Du verantwortlich, sonst niemand. Wenn Du bewusst mit Deinem Denken umgehen lernst und positive Gedanken formulierst, unterbrichst Du die (Leidens-)Spirale und bist auf dem heilenden Weg. Entdecke jetzt Deine große gedankliche Freiheit, in der alles möglich ist. Sie wird sich schon bald in der Realität manifestieren. Die Gedanken, für die Du Dich heute entscheidest, werden Dein Morgen bestimmen.

## Affirmation:

***Ich bin mir der Kraft meiner positiven Gedanken bewusst und werde heil.***

# *Glückspunkt und Co.*

In diesem Kartenset findest Du auch Karten, die weder zu den Planeten, den Tierkreiszeichen, noch zu den Häusern gehören. Es sind errechnete Punkte in einem Horoskop. Zu diesen errechneten Punkten gehören die Lilith, der so genannte Schwarze Mond, der auf- und absteigende Mondknoten und der Glückspunkt. Zu diesen vier Themen gibt es keine Schattenkarten.

Lilith
Schatten
Ich anerkenne eine »Höhere Macht« und bin im Vertrauen, dass alles gut ist, so wie es ist.

Aufsteigender Mondknoten
Lebensaufgabe
Ich vertraue meiner inneren Stimme und erkenne dadurch meinen Lebensweg.

Absteigender Mondknoten
Karma
Ich (er-)löse mich von unbrauchbaren Mustern aus meiner Vergangenheit und gehe freudig meinen Zielen entgegen.

# Glückspunkt

## Glück

*Ich bin glücklich.*

### Allgemein:

Der Glückspunkt ist ein errechneter Punkt, der aus der antiken Astrologie übernommen wurde. Er wird mit den drei wichtigsten Komponenten eines Horoskops – Sonne, Mond und Aszendent – berechnet. Der Glückspunkt hat keine allgemeingültige Aussage. Er wird individuell in jedem Horoskop gedeutet. Der Glückspunkt symbolisiert das Ergebnis von Identität, Gefühl und Durchsetzung und zeigt an, in welchem Bereich der Einzelne sein Glück und seine Erfüllung findet.

## Essenz:

Du hast die Karte »Glückspunkt« in der Hand. Was bedeutet Glück für Dich? Wartest Du immer noch auf den großen Moment in der Zukunft, der alles in Deinem Leben verändert und der Dich dann endlich glücklich sein lässt? Mit dieser Einstellung würdest Du am Glück vorbeilaufen und an Deinen eigenen Erwartungshaltungen scheitern. Glücklich sein ist keine Glückssache, sondern eine Frage der Einstellung. Dein Geist ist die fruchtbare Erde, in der Du Blumen oder Unkraut wachsen lassen kannst. Die Entscheidung liegt bei Dir! Erkenne die kleinen Freuden des Lebens und nimm sie mit einem Lächeln an. Lächeln macht zufrieden, und nur wer zufrieden ist, kann letztendlich auch glücklich sein.

## Affirmation:

***Ich lasse meine Erwartungshaltungen los und erlaube mir, glücklich zu sein.***

# Lilith

## Schatten

*Ich vertraue.*

### Allgemein:

Lilith ist in der Astrologie der Schwarze Mond und verkörpert das Unfassbare, Ungreifbare; all das, was mit dem Verstand nicht erfasst oder wahrgenommen werden kann. Lilith symbolisiert einerseits die geheimnisvollen Gefühle in uns, vor denen wir uns erschrocken zurückziehen, wenn wir sie erkennen. Andererseits geht es bei Lilith um Prozesse, um das Bewusstsein, dass Werden und Vergehen zum Leben gehören. Je mehr diese Tatsache verdrängt wird, umso schmerzlicher ist Lilith zu spüren, wenn sie sich bemerkbar macht. Lilith stellt alles in Frage und wirft uns auf unsere Urtriebe zurück. Der erlöste Umgang mit Lilith ist die Akzeptanz einer höheren Macht, und die Erkenntnis unserer dunklen Seiten.

## Essenz:

Die Karte der Lilith hat Dich gefunden. Die Aufgabe, die Lilith Dir stellt, ist eine der schwierigsten und heißt: Vertrauen! Um vertrauen zu können, muss Dein Ego alle Vorstellungen und Fixierungen loslassen. Die Kontrolle aufgeben ist der wichtigste Schritt auf dem Weg zu Deiner Ganzheit. Von dem Moment an, wo Dein Geist keine Fragen mehr hat und kein Misstrauen mehr kennt, beginnt das Vertrauen an eine »Höhere Macht« und das heißt: Es ist so, wie es ist. Verlass Dich auf die kosmischen Gesetze und anerkenne, dass alles im Leben seine Richtigkeit hat.

## Affirmation:

***Ich anerkenne eine »Höhere Macht« und bin im Vertrauen, dass alles gut ist, so wie es ist.***

# Aufsteigender Mondknoten

## Lebensaufgabe

*Ich entwickle mich.*

### Allgemein:

Der aufsteigende Mondknoten zeigt die Lebensaufgabe und die Eigenschaften, die wir entwickeln sollen. Er unterstützt das seelische Wachstum. Der aufsteigende Mondknoten weist auf die Sinnfindung hin und zeigt die Haltung gegenüber der Zukunft an. Hier ist zu sehen, in welchem Bereich die eigene Bestimmung zu finden ist. Er steht für die bewusste Entfaltung der Persönlichkeit und weist den Weg der Erfüllung.

## Essenz:

Die Karte des aufsteigenden Mondknotens ist zu Dir gekommen. Erkenne Deinen Lebenstraum und lass ihn Wirklichkeit werden! Das Drehbuch Deines Lebens zu schreiben und selbst bewusst Regie zu führen, ist die Liebe zu Dir selbst und die Freude an Deinem Sein. Du kannst wählen, was Du haben möchtest: Lustspiel oder Tragödie! Du bist der Regisseur und kannst Dein Werk jederzeit und immer wieder verändern! Wenn Du aus einem Drama aussteigen willst, dann tue es jetzt und gib Deinen Gedanken positive Nahrung: schreib jetzt ein Lustspiel! Öffne Deinen Geist und lass Deine Seele sprechen. Deine Seele ist der beste Co-Autor und kennt Weg und Ziel. Du brauchst nur Deiner inneren Stimme zu vertrauen und ihr zu folgen. Beginne Deine Verwirklichung im »Hier und Jetzt«!

## Affirmation:

***Ich vertraue meiner inneren Stimme***
***und erkenne dadurch meinen Lebensweg.***

# Absteigender Mondknoten

## *Karma*

*Ich erlöse.*

### Allgemein:

Der absteigende Mondknoten symbolisiert in der karmischen Astrologie die Themen, welche in früheren Inkarnationen unerlöst geblieben sind. In diesem Leben dürfen diese »Altlasten« nochmals angeschaut, aufgearbeitet und erlöst werden. Bleibt man astrologisch auf der Ebene dieses Lebens, steht der Mondknoten für Muster und Strukturen, die wir unbewusst aus Kindheit und Familie in unser heutiges Leben integriert haben, die aber nur wenig bis gar nichts mit unseren eigenen Glaubenssätzen zu tun haben. Ganz allgemein zeigt der absteigende Mondknoten, woran gearbeitet werden sollte und welche Bereiche aufgelöst werden wollen.

**Essenz:**

Die Karte des absteigenden Mondknotens hat Dich gefunden. Hast Du Ziele, Visionen oder Träume, die immer wieder platzen, bevor sie richtig angefangen haben? Dann könnte es sein, dass Du unbewusst Deine Entwicklung hemmst und Dich immer wieder in alte Muster fallen lässt. Bei einer Verunsicherung ist es leichter, in Bekanntes und Vertrautes zu fliehen, statt sich dem Neuen zu stellen. Oft dauert es lange Zeit, bis solche Muster aus der Vergangenheit erkannt, durchschaut und geknackt werden können. Erinnere Dich jetzt an Deine Ziele und versuche, losgelöst von Deinen Erinnerungen an frühere Misserfolge, einen völlig neuen Weg einzuschlagen. Du wirst ganz andere Verhaltensweisen und Energien entwickeln können und kommst Deinen Zielen und Deiner Bestimmung ein großes Stück näher.

**Affirmation:**

***Ich (er-)löse mich von unbrauchbaren Mustern aus meiner Vergangenheit und gehe freudig meinen Zielen entgegen.***

# *Die Tierkreiszeichen*

Dein Geburtsdatum verrät, in welchem Tierkreiszeichen sich die Sonne am Tag Deiner Geburt befand. Du sprichst dann von Deinem Sternzeichen. Die zwölf Sternzeichen, astrologisch auch Tierkreiszeichen genannt, symbolisieren zwölf verschiedene menschliche Charaktertypen.
Eine kurze Beschreibung der einzelnen Charaktere findest Du in diesem Buch bei dem entsprechenden Tierkreiszeichen.

Da alles auf der Welt in der Polarität stattfindet, trifft das auch auf die Tierkreiszeichen zu. Darum hat jedes Zeichen hier auch eine Schattenkarte. Diese beschreibt die Herausforderungen der Themen mit den entsprechenden Lösungsvorschlägen.

# Der Widder

## Wille

*Ich weiß, was ich will.*

**Allgemein:**

Der Widder strotzt vor Energie und hat einen ausgeprägten Willen. Er stellt sich mutig jeder Aufgabe und springt gerne ins Unbekannte. Wi(d)erstände sind einzig und alleine da, um angepackt und überwunden zu werden. Der Widder hat eine Pionierfunktion und liebt Herausforderungen und Abenteuer aller Art. Er handelt frisch und entschlossen, ohne lange darüber nachzudenken, was er tut. Hauptsache, es geht vorwärts. Der Widder ist ein Idealist, der gerne für etwas kämpft. Seine Energiereserven scheinen grenzenlos zu sein. Hat der Widder etwas erreicht, überlässt er seine »Eroberung« gerne anderen und wendet sich voller Elan wieder neuen Aufgaben zu.

## Essenz:

Wenn die Karte des Widders zu Dir kommt, möchte sie Dich auffordern, Deine Kräfte zu konzentrieren und selbstständig und entschlossen auf Deine Ziele zuzugehen. Was Du jetzt beginnst, hat gute Chancen auf Erfolg. Sei spontan, direkt und unkompliziert! Geh Deinen eigenen Weg, erobere neues Terrain, probiere aus! Handle entschlossen und friedlich. Bleib auf Deine Ziele hin fokussiert und sei überzeugt, dass Du alles erreichen kannst, wenn Du willst!
Du musst es nur tun!

## Affirmation:

***Ich habe einen Fokus und erreiche mein Ziel!***

Schattenkarte **Widder**

# Egoismus

*Ich bin ungeduldig.*

## Allgemein:

Der Widder ist dynamisch, aktiv, willensstark und unternehmungslustig. Er ist begeisterungsfähig und immer auf der Suche nach einer neuen Herausforderung. Der Widder hat eine direkte und offene Art auf Menschen und Situationen zuzugehen. In Konkurrenzsituationen läuft der Widder zur Höchstform auf. Widder gehen ihre eigenen Wege, denn sie wissen, was sie wollen. Rückschläge beeindrucken sie kaum, sie sind vielmehr ein Ansporn, noch einmal von vorn zu beginnen.
Die Schattenseiten des Widders sind, dass er sich selbst überschätzt oder mit seiner ungestümen Art Mitmenschen leicht vor den Kopf stoßen kann. Ein allzu ruhiges Leben lässt ihn schnell unzufrieden oder gar aggressiv werden.

## Essenz:

Die Schattenkarte des Widders möchte Dich fragen, in welchem Bereich Du Dich eingeengt fühlst und wo Du Dich nach mehr Unabhängigkeit sehnst. Gehst Du Kompromisse ein, die Dich daran hindern, vorwärtszukommen? Lebe die Bedürfnisse und verfolge die Ziele, die Dir wichtig sind, ohne egoistisch deine Umwelt zu überfahren. Unausgelebte Wünsche, ungelebte Energien könnten sich sonst schnell in Reizbarkeit oder Aggression äußern. Auf das richtige Verhältnis von Selbstbehauptung und Nachgiebigkeit, und auf das richtige Maß von Geduld und Rücksichtnahme kommt es an.

## Affirmation:

***Ich erreiche meine Ziele mit Rücksicht auf andere.***

# Stier

## Besitz

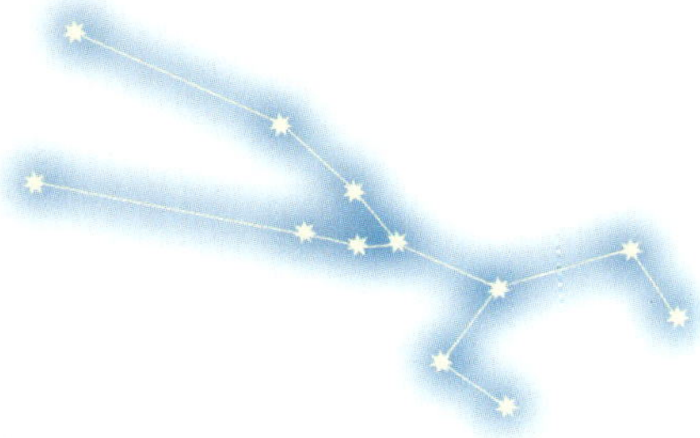

*Ich habe.*

### Allgemein:

Der Stier symbolisiert das »Fuß fassen«, Raum einnehmen, haben und besitzen wollen. Er entwickelt eine starke Liebe zu Heim und Besitz, Geld und Gut, und grenzt diese auch gerne zur Außenwelt ab. Ganz nach dem Motto: »Meins ist meins, und deins ist deins!« Etwas »sein Eigen« nennen zu können ist dem Stier wichtig, daher kann er mit viel Geduld etwas aufbauen.

Der Stier steht im Horoskop für die materiellen Werte und die Genüsse sowie für Sinnlichkeit.

## Essenz:

Wenn die Karte des Stiers zu Dir kommt, möchte sie Dich auffordern, Dir Gedanken zu machen, was materielle Sicherheit für Dich bedeutet und wie viel Sicherheit Du »Zum-Glücklich-Sein« brauchst. Sind es die äußeren Schätze, die Dich reich machen? Oder sind es die inneren, verborgenen Werte, die Dir wichtig sind? Wie ist Deine Wertschätzung Dir selber gegenüber? Pflege Deine inneren wie äußeren Werte und kümmere Dich um Deine Talente! Dann wirst Du erfolg–*reich* sein.

## Affirmation:

***Ich erschaffe mir solide Grundlagen,***
***die das Leben angenehm und genussvoll machen.***

# Schattenkarte Stier

## Sturheit

*Ich horte.*

**Allgemein:**

Der Stier ist ein »Gewohnheitstier« und legt viel Wert auf materielle und emotionale Sicherheit. Er liebt die schönen Dinge des Lebens, er ist ein Genießer. Es dauert einige Zeit, bis sich der Stier zu etwas bewegen lässt. Aber einmal in Fahrt gekommen, ist er durch nichts zu bremsen.

Die Schattenseiten des Stiers sind seine Sturheit und Engstirnigkeit. Was er sich in den Kopf gesetzt hat, will er auch zu Ende bringen. Egal, ob es Sinn macht oder nicht.

**Essenz:**

Die Schattenkarte des Stiers möchte Dich ermuntern, auszumisten und »Altes« los-

zulassen. Die Angst, ungenügend oder ungeliebt zu sein, als Versager zu gelten oder nichts vollenden zu können, sind oft Traumata aus unserer Kindheit und stehen in keinem Zusammenhang mit dem »Hier und Jetzt«.
Welche Glaubenssätze und Verhaltensmuster haben bei Dir ihre Gültigkeit verloren? Womit blockierst Du Deinen Fluss des Lebens? Die Ansicht: »Je mehr du hast, umso mehr kannst du verlieren« trifft weder auf die materielle noch auf die immaterielle Welt zu. Entlasse negative Gedankenbilder und ersetze sie durch fruchtbare neue!

## Affirmation:

***Ich entlasse alle Glaubenssätze, die mich in meiner Weiterentwicklung behindern und manifestiere Fülle in meinem Leben.***

# Zwillinge

## Wissen

*Ich weiß.*

### Allgemein:

Das Tierkreiszeichen Zwillinge wird von Merkur, dem Vermittler von Botschaften, regiert. Der Zwilling ist kontaktfreudig, gesellig, redegewandt und vielseitig interessiert, spricht und diskutiert mit jedem, der ihm begegnet. So erfährt er alles über »Gott und die Welt«. Er nimmt alle Informationen auf und speichert sie, um sie möglichst schnell weiterzugeben. Der »Small Talk« ist seine Welt. Das Wesen und die Kommunikation der Zwillinge ist luftig, flexibel und beweglich, zu vergleichen mit einem Schmetterling, der unbeschwert von Blüte zu Blüte fliegt.

## Essenz:

Du hast die Karte der Zwillinge gezogen und suchst die nötige Klarheit. Mache Deinen Kopf frei und setze Deinen Fokus auf das Thema, nach welchem Du gefragt hast. Nur mit einem klaren Kopf kannst Du Dich auf das Wesentliche konzentrieren und nützliche von überflüssigen Informationen unterscheiden. Schenk Dir genug Zeit! Entfliehe der Hektik des Alltags und suche einen ruhigen Platz, wo Du einige Zeit mit Dir ungestört sein kannst. Nimm Papier und Stift und schreibe alles auf, was Dir zu Deinem Thema in den Sinn kommt. Versuche, den Fokus zu halten! Erfreue Dich Deiner sprachlichen Gewandtheit und an dieser schriftlichen Aussageform! Vertraue Deinen Einsichten und der »rote Faden« wird Dich zur Lösung führen.

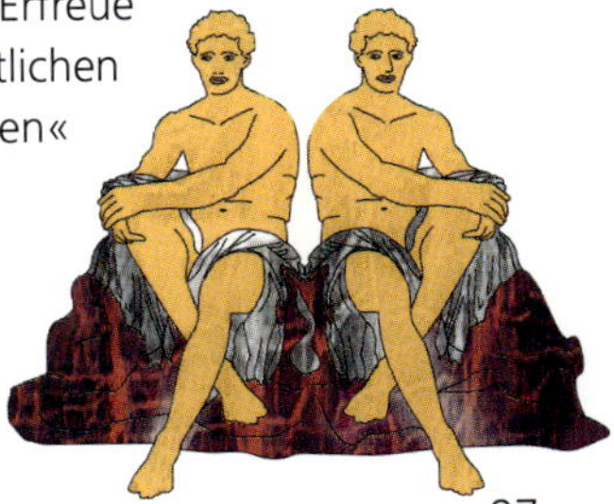

## Affirmation:

***Ich höre auf das, was für mich wichtig ist.***

Schattenkarte **Zwillinge**

# Oberflächlichkeit

*Ich bin distanziert.*

## Allgemein:

Das Wichtigste für den Zwilling ist die Kommunikation. Er ist vielseitig interessiert, findet rasch Kontakt und liebt den Austausch mit anderen Menschen. Er will Neuigkeiten erfahren und Informationen austauschen. Der Zwilling hat ein großes Bedürfnis, alles zu wissen. Er ist flexibel und kann sich gut an Situationen anpassen, wobei seine Lust nach Freiheit und Unabhängigkeit immer im Vordergrund steht.

Eine der Schattenseiten des Zwillings ist, dass er schnell das Interesse an einer Sache verliert und sich dem Nächsten zuwendet. Es macht ihm Mühe, sich zu entscheiden und festzulegen. So wird er oft als oberflächlich, distanziert und ohne Tiefgang empfunden.

## Essenz:

Die Schattenkarte der Zwillinge ist zu Dir gekommen. Achte jetzt ganz besonders darauf, welche Informationen Du weitergibst und welche Du für Dich behältst. Wenn Du im Vertrauen etwas erfahren hast, ist es gut, wenn dieses Wissen bei Dir bleibt. Behandle diese Neuigkeit mit Respekt. Wenn Du aus Unüberlegtheit und ohne nachzudenken Vertrauliches weitererzählst, stehst Du zwar kurzfristig im Mittelpunkt, aber Deine Umwelt wird sich rasch von Dir abwenden, weil sie Dich als nicht vertrauenswürdig und unzuverlässig erlebt.

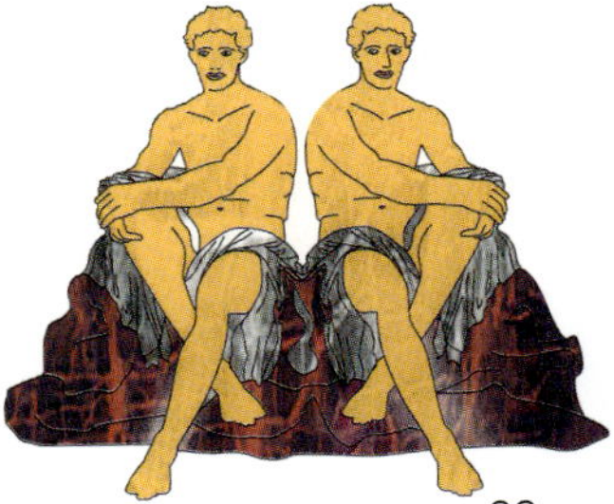

## Affirmation:

***Ich bin vertrauenswürdig***
***und kann Neuigkeiten auch für mich behalten.***

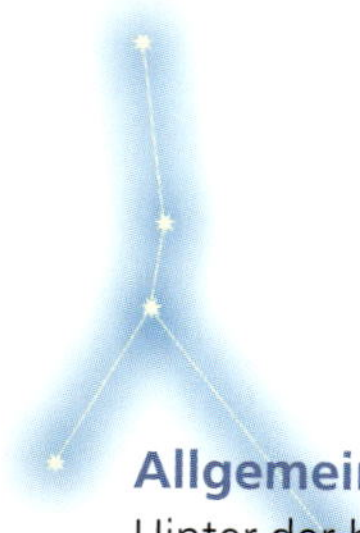

# Krebs

## Fürsorglichkeit

*Ich sorge für mich.*

**Allgemein:**

Hinter der harten Schale des Krebses verbirgt sich ein hochsensibles, einfühlsames Wesen, das oft starken Gefühlsschwankungen unterworfen ist. Der Krebs ist sowohl im Wasser als auch an Land zu Hause. Begibt sich der Krebs in die Tiefen des Wassers, taucht er ab zu einer faszinierenden Reise zu sich selbst, zu seiner Seele, zu seinen Wurzeln. Bewegt sich der Krebs an Land, ist er der rauen Wirklichkeit ausgeliefert und braucht einen sicheren Ort, an den er zurückkehren kann, wenn Gefahr droht.
Der Krebs ist glücklich, wenn er gebraucht wird, wenn er umsorgen, hegen und pflegen kann. Dabei kann der Krebs auch Menschen, die er liebt, entschlossen mit seinen Scheren festhalten.

## Essenz:

Die Karte des Krebses möchte Dich ermutigen, Dich jetzt ganz besonders um Dein eigenes Wohlergehen zu kümmern. Die Fähigkeit, für andere Menschen zu sorgen, braucht viel Kraft und Energie. Es hilft niemandem, wenn Du an Deine körperlichen und seelischen Grenzen kommst. Denke zuerst an Dich und finde Deinen Ruhepunkt! Das ist alles andere als egoistisch. Schau in den Spiegel! Wer sieht Dich an? DU! Du bist der Mensch, der Dir am nächsten stehen sollte! Nur wenn es Dir gut geht, kannst Du Dich auch mit ehrlichen Gefühlen um Dein Gegenüber sorgen.

## Affirmation:

***Ich kümmere mich zuerst liebevoll um mein eigenes Wohlergehen und kann danach mit offenem Herzen auf andere zugehen.***

# Schattenkarte Krebs

## Empfindlichkeit

*Ich klammere.*

**Allgemein:**

Der Krebs ist empfindsam und mitfühlend und wird oft von Stimmungsschwankungen geplagt. Er braucht einen Ort der Geborgenheit, wo er sich zurückziehen und seine Eindrücke verarbeiten kann. Mit seiner warmherzigen Art gewinnt er das Vertrauen der Menschen, die ihm gerne sein Herz ausschütten. Der Krebs hat ein reiches Innenleben und ist voller Phantasie. Wenn ihm das Außen zu viel wird, zieht er sich in seine eigene Welt der Phantasien und Tagträume zurück. Der Krebs nimmt vieles persönlich, und eine seiner Schattenseiten ist, dass er launisch wird, wenn er sich verletzt fühlt. Gegenüber der Zukunft ist der Krebs eher ängstlich eingestellt. Deshalb klammert er sich oft zu sehr an die »guten, alten Zeiten«, an Erinnerungsstücke oder an vertraute Menschen.

## Essenz:

Die Schattenkarte des Krebses ist in Deiner Hand. Öffne und stelle Dich den Herausforderungen des Lebens! Wenn Du Dich von der Gegenwart abwendest und in die Vergangenheit fliehst, zieht das Leben an Dir vorbei, ohne dass Du merkst, wie schnell die Zeit vergeht. Gestern war gestern! Die Vergangenheit bietet keinen realen Schutz! Beschützt bist Du nur im »Hier und Jetzt«, wenn Du mit allen Sinnen lebst, wachsam und aufmerksam bist. Habe den Mut der Gegenwart ins Gesicht zu schauen und dem »Heute« zu antworten. »Heute« ist jetzt!

## Affirmation:

***Ich achte die Vergangenheit***
***und wende mich liebevoll dem »Hier und Jetzt« zu.***

# Löwe

## Sein

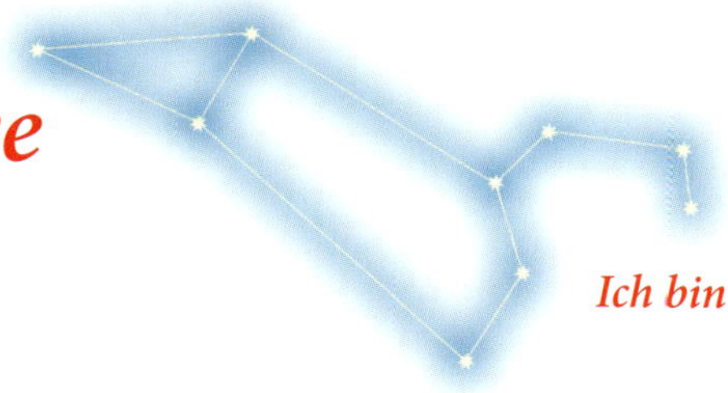

*Ich bin so, wie ich bin.*

**Allgemein:**

Der Löwe verfügt über ein starkes Selbstbewusstsein. Er ist lebensbejahend, ehrgeizig und weiß, was er will. Er besitzt ein gutes Organisationstalent, hat eine starke Überzeugungskraft und ausgezeichnete Führungsqualitäten. Er strebt nach Bewunderung, möchte gerne im Mittelpunkt stehen und Spuren hinterlassen. Der Löwe will stolz auf seine Werke sein. Für ihn ist das Leben ein Spiel mit vielen aufregenden Möglichkeiten, die alle ausgekostet werden wollen.

Er gilt als unabhängig, großzügig und warmherzig und beschützt die Menschen, die ihm nahestehen.

## Essenz:

Du hast die Karte des Löwen gezogen und bist bereit, Deinen rechtmäßigen Platz im Leben einzunehmen. Deine geistige Reife hast Du einem langen Prozess und vielen Erfahrungen zu verdanken. Du bist zu einem wundervollen Wesen herangereift, weißt, wer Du bist und was Du kannst. Jetzt hast Du die Fähigkeit, andere Menschen zu begeistern und zu führen. Nimm Deine Erfahrungen und gib sie weiter. Zeige Mut und Selbstvertrauen, dann vertrauen Dir auch Deine Mitmenschen. Lass Deine Lebenskraft fließen und Deine Umwelt an diesem Fluss teilhaben. Stell Dich mit Deinen Qualitäten bewusst in den Mittelpunkt. Du hast den Platz an der Sonne verdient! Geh mit gutem Beispiel voran!

## Affirmation:

***Ich kenne meine persönlichen Stärken und gebe sie weiter.***

# Schattenkarte Löwe

## Dominanz

*Ich bin der Chef.*

### Allgemein:

Der Löwe symbolisiert Kraft, Stolz und Mut. Dank seiner Entschlossenheit kann er sich ohne Probleme in den verschiedensten Bereichen sicher bewegen und wird daher als Führungskraft sehr geschätzt. Der Löwe weiß genau, was er will, und kann mit seiner Beharrlichkeit und mit seiner herzlichen und spontanen Art viel im Leben erreichen. Die Schattenseite des Löwen ist, dass er zu viel Selbstvertrauen hat und egoistisch seine Ziele verfolgt, ohne Rücksicht zu nehmen. Er macht anderen den Platz streitig und setzt sich auf den Thron, ohne etwas dafür zu tun – und verlangt dafür noch vollste Bewunderung.

## Essenz:

Die Schattenkarte des Löwen ist zu Dir gekommen. In Deinem Leben gibt es ein dominantes Thema, das geklärt werden will und keinen Aufschub mehr duldet. Du könntest es Dir einfach machen und die Situation beenden, indem Du alles stehen und liegen lässt und wegläufst. Im Außen hättest Du mit dieser Aktion gewonnen, aber im Inneren hättest Du verloren – die Achtung vor Dir selber! Das entspricht nicht der Art des Löwen. Die Art des Löwen ist, sich zu stellen und mutig und entschlossen den eigenen Standpunkt zu vertreten. Du brauchst Dich nicht zu verstecken! Sag, was Du zu sagen hast und höre auch der anderen Seite aufmerksam zu. Stehe zu einer Lösung, bei der es nur Gewinner gibt! Der brüllende Löwe wird es akzeptieren, wenn Du ihn anlächelst!

## Affirmation:

***Mein Wesen ist mutig und stolz, und ich handle aus innerer Überzeugung.***

# Jungfrau

## Arbeit

*Ich achte auf Details.*

### Allgemein:

Die Jungfrau hat einen starken Bezug zur Praxis. Sie möchte überall nützlich sein. Sie ist ordnungsliebend, fleißig, pflichtbewusst und gilt als objektiv und realistisch. Was die Jungfrau anpackt, erledigt sie genau. Sie ist sehr sorgfältig in ihrem Tun und möchte alles richtig machen, damit die Welt in Ordnung ist. Dabei legt sie auch Wert auf ihre innere Ordnung. Die Jungfrau wünscht sich überall Klarheit und braucht einen Plan, an den sie sich halten kann. Erledigte Arbeiten machen sie zufrieden. Der Alltag ist ihr wichtig und ebenso alles, was mit ihrem Körper zu tun hat, wie ein gepflegtes Äußeres, Ernährung und Gesundheit. Obwohl die Jungfrau stark mit der Materie verbunden ist, kann sie auch heilerische Fähigkeiten entwickeln.

## Essenz:

Die Karte der Jungfrau hat Dich gefunden. Du möchtest in einem bestimmten Lebensbereich Klarheit und Ordnung haben. Verschaff Dir zuerst einen Gesamtüberblick und ordne sorgfältig die Fakten! Richte dann Deine Aufmerksamkeit auf alle Details und schaue die Dinge aus den unterschiedlichsten Blickwinkeln genau an. Behalte alles im Auge, bleib objektiv und sachlich!

Vielseitigkeit und eine ausgeprägte Unterscheidungskraft helfen Dir, einen guten Durchblick zu bekommen. Schau der Realität ins Gesicht und gib Dich keinen Illusionen hin! Blicke über das »Hier und Jetzt« hinweg und handle so, wie es für Dich und Dein Leben am besten ist.

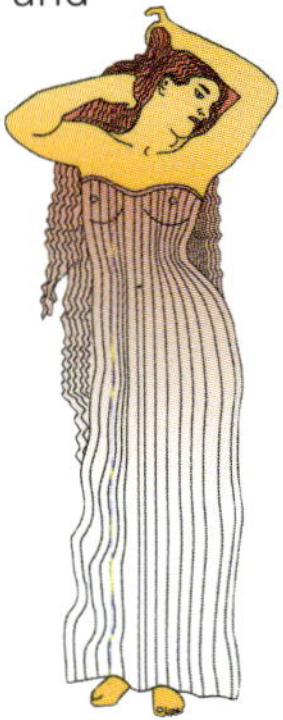

## Affirmation:

***Ich schaue Situationen genau an und handle objektiv und überlegt.***

Schattenkarte **Jungfrau**

# Verzetteln

*Ich bin pedantisch.*

## Allgemein:

Die Jungfrau ist zuverlässig, sachbezogen, exakt und bescheiden. Sie ist sparsam und hat für Verschwendung wenig übrig. Alle Aufgaben erledigt sie mit System und mit einem hohen Perfektionsanspruch an sich selbst. Sie liebt Ordnung im Außen wie in ihrem Inneren. Sie ist ein guter Beobachter mit Liebe zum Detail. Was die Jungfrau macht, soll aus ihrem Blickwinkel nützlich und vernünftig sein.
Wenn die Jungfrau sich zu sehr in Einzelheiten verliert, kann es vorkommen, dass sie vor lauter Bäumen den Wald nicht mehr sieht. Dann wirkt sie auf ihre Umwelt unzufrieden, nörglerisch und kleinlich.

## Essenz:

Die Schattenkarte der Jungfrau möchte Dich ermutigen, das Perfektionsstreben, das Du gerade an Dich stellst und das Dich ernst und selbstkritisch macht, zu verabschieden. Nimm Abstand und gönne Dir mehr Ruhe! Situationen können sich auch ohne Dein Dazutun positiv entwickeln. Vertraue einer höheren Ordnung und lasse einfach alles geschehen. Tu nichts! »Nichts Tun« ist eine Kunst und muss in ganz kleinen Schritten erlernt werden. Das ist schwierig, weil das Leben, die Gemeinschaft, die Umstände immer etwas von uns, von Dir fordern. Konzentriere Dich auf den »Ist-Zustand« in Deinem Leben und freue Dich über das, was Du schon erreicht hast.

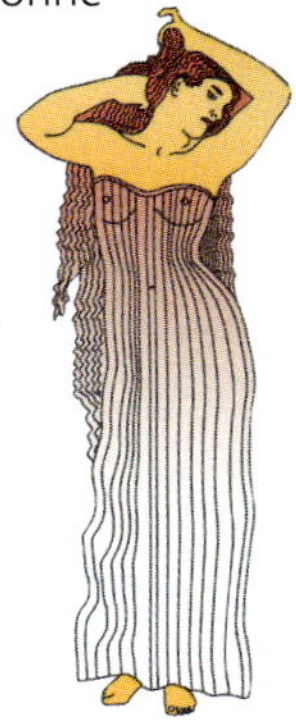

## Affirmation:

***Ich lerne, den Moment zu genießen***
***und stelle keine Ansprüche an mich selbst.***

# Waage

## Verbindung

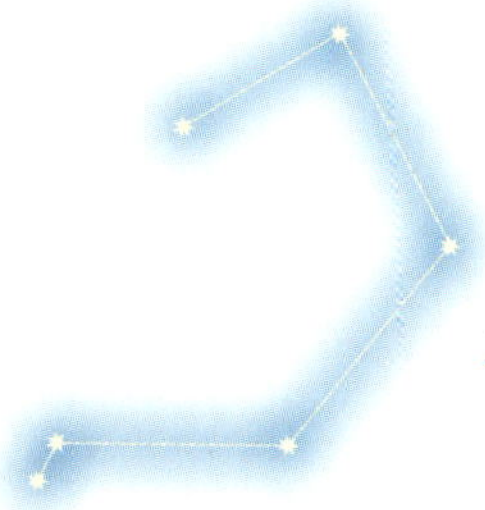

*Ich gleiche aus.*

**Allgemein:**

Die Waage ist ein Ästhet und liebt alles Schöne im Leben. Ihre Kleidung, ihre Wohnung und ihr Verhalten zeigen Geschmack und Stil. Sie interessiert sich für Kunst und Kultur und kann auch selbst mit künstlerischen Talenten gesegnet sein. Das Wichtigste für eine Waage aber ist die Harmonie. Streitigkeiten versucht sie zu schlichten oder erst gar nicht aufkommen zu lassen. Diplomatie und Kompromissbereitschaft sind ihre Stärken.

Die Waage geht auf Menschen zu, verbindet und betont die Gemeinsamkeiten. Sie sucht nach Vollkommen- und Ausgeglichenheit.

## Essenz:

Du hast die Karte der Waage gezogen, die Karte der Balance, der Harmonie und des Friedens. Versuche, Deinem Gleichgewicht zwischen Gedanken und Gefühlen ganz besondere Aufmerksamkeit zu schenken. Wenn Du im Moment zu stark im Denken verhaftet bist, kannst Du Deine Energien blockieren. Lass Deine Gefühle mitsprechen, damit ein liebevoller Ausgleich zwischen innen und außen stattfinden kann.
Nur mit innerer Harmonie kann auch in Deiner Umgebung alles friedlich werden.

## Affirmation:

***Ich höre auf meine Gedanken und Gefühle und achte auf mein inneres Gleichgewicht.***

## Schattenkarte *Waage*

# *Konfliktscheu*

*Ich will es allen recht machen.*

### Allgemein:

Die Waage symbolisiert Schönheit, Eleganz und Geschmack. Um glücklich zu sein, braucht sie eine stilvolle Umgebung und harmonische Beziehungen. Die Waage liebt den Ausgleich und setzt sich auch sehr dafür ein, dass Gerechtigkeit herrscht und keiner benachteiligt wird. Niemand versteht es so gut wie die Waage, zu vermitteln, Verbindungen zu schaffen und zerstrittene Menschen zu versöhnen. Die Waage ist sehr menschenbezogen und braucht immer ein Du als Spiegel, um ihre eigene Persönlichkeit erkennen zu können. Schattenseiten der Waage sind Scheinharmonie und Angepasstheit, aus lauter Angst, angegriffen werden zu können. Bei Kritik kann die Waage traurig werden und unter dem Gefühl leiden, versagt zu haben.

## Essenz:

Die Schattenkarte der Waage hat Dich gefunden. Konflikte lösen sich selten von alleine. Schiebe keine Entscheidungen vor Dir her, das belastet Körper, Geist und Seele. Deine Standhaftigkeit ist gefragt Wa(a)ge das, wofür die Zeit jetzt reif ist! Triff mutig einen Entschluss und handle diplomatisch, solange es noch geht. Sonst könnte es sein, dass andere für Dich entscheiden und Du unglücklich mit dem Ergebnis bist. Wenn Dir bewusst ist, dass jede Entscheidung Vor- und Nachteile hat, bleibst Du bei Dir und in Deiner Balance. Du kannst es nie allen recht machen, außer Dir selber.

## Affirmation:

***Ich treffe ausgewogene Entscheidungen und stehe voll und ganz dahinter.***

# Skorpion

## Intensität

*Ich erneuere mich.*

### Allgemein:

Der Skorpion hat ein starkes Gespür für die tiefen und dunklen Seiten der menschlichen Seele. Die Geheimnisse, die darin verborgen sind, faszinieren ihn. Um an die Wahrheit zu kommen, erforscht er die Schattenseiten des Lebens. Der Skorpion braucht Intensität, er will sich dem Leben stellen, sich von ihm berühren und verändern lassen. Und dabei ist ihm nichts zu viel. Der Skorpion ist ein scharfer Beobachter und kennt die Abgründe des Lebens. Er durchschaut sein Gegenüber schnell und deckt den wunden Punkt auf. Wenn sich der Skorpion in eine Situation einlässt, dann ganz und gar. Mit Halbheiten oder Kompromissen kann er wenig anfangen. Für die Menschen, die der Skorpion in sein Herz geschlossen hat, würde er alles tun.

## Essenz:

Die Karte des Skorpions hat Dich gefunden und möchte Dir Mut machen, die dunklen Seiten Deiner Seele aufzuspüren. Dich selbstkritisch anzuschauen und Deinem wahren Ich ins Gesicht zu sehen, ist eine große Herausforderung! Geh den Dingen auf den Grund und lerne auch Deine andere Seite kennen. Akzeptiere sie! Du solltest vor Dir keine Geheimnisse haben! Das, was Dich als Person ausmacht, ist nur ein Teil Deines Wesens, das Du im Außen zeigst. Diese andere, verborgene Seite gehört ebenfalls zu Dir und macht Dich in Deiner Vollkommenheit, als Ganzes aus! Gehe auf Deiner Suche nach Dir selber keine Kompromisse ein und beschönige nichts. Nur schmerzhafte Wahrheiten sind heilsam und geben Dir die Chance, Dich weiterentwickeln und heilen zu können.

## Affirmation:

***Ich lerne meine dunklen Seiten kennen und akzeptiere sie in Liebe.***

Schattenkarte **Skorpion**

# Extreme

*Ich kontrolliere.*

## Allgemein:

Der Skorpion symbolisiert den »Stirb-und-Werde-Prozess« und er ist mit allen Facetten der dunklen Seite der Seele vertraut. Der Skorpion kämpft mit den Schattenseiten des Lebens, damit er die Wahrheit erkennen und durch sie heil werden kann. So lässt er sich mit »Haut und Haar« ins Leben ein, hat viele Kämpfe zu bestehen und kann gewaltige Energien freisetzen. Weil er um die Vergänglichkeit des Einzelnen weiß, hat er oft Verlustängste. Der Skorpion ist gefühlsbetont, leidenschaftlich, zäh und belastbar und will sich mit dem Puls des Lebens verbunden fühlen. Der Skorpion ist sehr sensibel, und zu seinen Schattenseiten gehört, dass er an Kränkungen oder Verletzungen lange zu kauen hat und nachtragend sein kann. Er ist ein »Schwarz-Weiß-Denker« und fühlt in Extremen.

Oft ist er seinen eigenen Gefühlsschwankungen verzweifelt ausgeliefert. Wenn er sich ungerecht behandelt fühlt, kann er mit seinem Stachel erbarmungslos zuschlagen.

## Essenz:

Du hast die Schattenkarte des Skorpions gezogen. Kontrolliere weder Deine äußere noch innere Situation. Du spürst instinktiv, wann es Zeit ist, etwas Altes loszulassen. Setze Dich mit diesem auflösenden Prozess auseinander. Er ist die Transformation von alt in neu. Erforsche Ursachen und Hintergründe, tauche in die Tiefe, brich Tabus, erkenne Schwachpunkte. Dabei wechseln sich Macht- und Ohnmachtsituationen, Freude und Trauer, Wut und Mutlosigkeit ab. Bleib stark! Du kannst mehr erreichen als Du glaubst. Krisen sind Chancen, und jedes Ende ist auch ein Neubeginn!

**Affirmation:** ***Ich lasse mich auf den Prozess der Transformation ein und heiße alle Veränderungen willkommen.***

# Schütze

## Wachstum

*Ich bin weitblickend.*

### Allgemein:

Der Schütze braucht viel Freiheit, damit er so viele Erfahrungen wie möglich machen kann. Er ist aktiv, viel unterwegs, und liebt es, immer wieder Neues beginnen zu können. Er hat einen abenteuerlustigen Geist und interessiert sich für alle möglichen Lehren. Der Schütze ist ein Optimist mit viel Selbstvertrauen. Als Idealist braucht er immer ein Ziel, egal auf welcher Ebene. Wenn er von einem Ziel überzeugt ist, erreicht er es meistens auch, weil er flexibel ist und sich den äußeren Umständen problemlos immer wieder anpassen kann. Der Schütze sucht und braucht Veränderungen, und diese findet er auf (großen) Reisen.

### Essenz:

Du hast die Karte des Schützen gezogen. Hast Du gerade das Gefühl, dass Du Dich durch die Pflichten des Alltags eingeengt fühlst? Dann wäre es *jetzt* an der Zeit, auszubrechen und Dir neue Horizonte zu eröffnen. Dabei kannst Du einen einfachen Trick anwenden, der Dir hilft, Dich immer wieder aus der Situation herauszunehmen und dadurch neue Kraft zu tanken: Suche Dir ein Tier aus, das für Dich grenzenlose Freiheit verkörpert. Das kann ein Vogel, ein Fisch oder ein Säugetier sein. Schließe die Augen und denke jetzt ganz fest an dieses Tier, das Du ausgewählt hast. Ruf es zu Dir und bitte es, Dich auf eine Reise in seine Welt mitzunehmen. Vertraue ihm und lass Dich von ihm führen und überraschen! Spüre, rieche, fühle und genieße diese Freiheit an und in Deinem ganzen Körper! Du wirst ausgeruht und mit neuer Kraft in den Alltag zurückkehren können. Mit Deinem Tier in die Freiheit reisen kannst Du immer dann, wenn Du es brauchst. Du musst es nur rufen.

**Affirmation:**

***Ich kann neue Welten mental bereisen***
***und diese gefundene Kraft für den Alltag nutzen.***

Schattenkarte **Schütze**

# Realitätsflucht

*Ich bin belehrend.*

## Allgemein:

Der Schütze symbolisiert Freiheit, Unabhängigkeit und Lebendigkeit. Er braucht immer einen Hauch Abenteuer und den Duft der großen, weiten Welt. Die Sehnsucht treibt ihn, andere Länder und andere Philosophien kennenzulernen. Er ist ein Wanderer auf der Suche nach dem Sinn des Lebens. Der Schütze hat den Drang nach Erkenntnis und er braucht viel Zeit für geistige Herausforderungen. Er ist der geborene Optimist und erreicht mit seiner Überzeugung oft mehr als andere. Zu den Schattenseiten des Schützen gehört, dass er vor lauter Begeisterung über das Ziel hinausschießen kann. Mit seinem ungetrübten Selbstvertrauen wirkt er schnell arrogant und besserwisserisch. Er neigt dazu, andere von seiner Meinung überzeugen zu wollen, so dass er belehrend und missionierend erscheint.

## Essenz:

Du hast die Schattenkarte des Schützen gezogen. Diese Karte möchte Dich dazu anregen, mit Deinen Grenzen zu spielen. Ein Hochleistungssportler kann seine körperlichen Grenzen durch Ausdauer und Mentaltraining Schritt für Schritt aushebeln – er braucht Geduld, aber es geht! Wenn er von Anfang an gesagt hätte »meine Grenzen sind erreicht, das ist alles, was ich kann«, wäre er nie in den Genuss gekommen, sich selbst zu beweisen, was in ihm steckt! Und er hätte sich um ein ganz wichtiges Gefühl gebracht: das Gefühl der grenzenlosen Freiheit! Wenn *Du* vor Deinen eigenen Grenzen kapitulierst, dann nur in Deinem Kopf. Sprenge, erweitere, verändere und versetze mit Deinen Gedanken *alle* Grenzen, und Du wirst sehen, wie frei Du Dich fühlen und erleben wirst!

## Affirmation:

***Ich sprenge meine Grenzen und erlebe Freiheit.***

# Steinbock

## *Verantwortung*

*Ich bin diszipliniert.*

**Allgemein:**
Der Steinbock symbolisiert den Aufstieg und das Ziel, das mit viel Ausdauer und Disziplin erreicht werden will. Er strebt materielle Sicherheit an, um ein guter Ernährer zu sein und um den gewünschten Lebensstandard erhalten zu können. Der Steinbock steht für alle Arten von Führungsaufgaben, die mit Gründlichkeit und Beharrlichkeit ausgeführt und erledigt werden. Er ist verantwortungsbewusst und steht mit beiden Beinen fest auf dem Boden der Realität. Der Steinbock überzeugt durch sicheres Auftreten, durch Pflichtbewusstsein und seine Bereitschaft, immer das Beste zu geben.

## Essenz:

Die Karte des Steinbocks ist zu Dir gekommen. Fehlt es Dir gerade an der nötigen Disziplin und bist Du in einer Situation nur noch mit halbem Herz dabei? Dann nimm Dir ein paar Minuten Zeit und überlege Dir, welche Ursachen dahinterstecken könnten: Ist die Motivation verpufft? Sind die Anreize verschwunden? Hat sich das Ziel geändert? Oder sind es unbewusste Widerstände, die Dich hemmen? Um Deine Motivation wiederzuerlangen, kannst Du Dein Unterbewusstsein ganz einfach überlisten! Stell Dir vor, wie Du Deine Aufgabe freudig erledigst. Denke an *den* Moment, wo Du sie beendet haben wirst und daran, wie stolz Du dann auf Dich sein kannst! Fühle und spüre diese Situation in allen Farben und Facetten! Diese innere Visualisierung wird Dich beflügeln, und die Arbeit wird Dir wieder Spaß machen!

## Affirmation:

***Ich kann mich mit positiven Gedanken auf mein Ziel konzentrieren und bringe meine Aufgabe mit Freuden zu Ende.***

*Schattenkarte* **Steinbock**

# *Autorität*

*Ich bin unnahbar.*

## Allgemein:

Der Steinbock symbolisiert den steilen Weg nach oben. Mit sicherem Schritt und ohne zu stolpern erklimmt er jede Höhe. Alle Schritte sind genau überlegt, und dank seiner Ausdauer kann er mühelos jeden Gipfel stürmen. Kein Aufstieg ist ihm zu hoch. Darum steht der Steinbock auch für Karriere. Sein Leben soll auf einem soliden Fundament aufgebaut sein. Die große Belastbarkeit des Steinbocks hilft ihm, auch in schwierigen Situationen einen kühlen Kopf zu bewahren. Eine Schattenseite des Steinbocks ist, dass er sehr nach dem Leistungsprinzip lebt; das heißt, Lob und Anerkennung gibt es nur für herausragende und vollbrachte Arbeiten. Wenn der Steinbock zu ehrgeizig ist und zu sehr im Karrierestreben denkt und handelt, kann er autoritär, hart, unerbittlich und unnahbar sein.

## Essenz:

Die Schattenkarte des Steinbocks hat Dich gefunden. Wann hast *Du Dich* das letzte Mal selbst gelobt? Kannst Du Dich daran erinnern? Du vollbringst jeden Tag ein enormes Pensum an Leistungen, sei es beruflich oder privat. Wenn Du auf das Lob Deines Chefs oder Deiner Familie wartest, kommst Du in eine Erwartungshaltung, die sich negativ auf Dein Gemüt auswirkt. Lobe Dich doch ganz einfach auch einmal selber für irgendeine Arbeit, die Du jeden Tag selbstverständlich und pflichtbewusst erledigst. Lobe Dich besonders für die »gewöhnlichen« Leistungen, denn gerade sie nehmen die größte Zeit Deines Lebens in Anspruch. Sei großzügig mit Deinem Lob an Dich selbst. Du wirst sehen, dass Du mit frischem Elan an Deine täglichen Pflichten gehst. Ein Eigenlob motiviert genauso und macht außerdem noch glücklich!

## Affirmation:

***Ich lobe mich selbst und kann dadurch motiviert die alltäglichen Pflichten erledigen.***

# Wassermann

## Erfindung

*Ich bin kreativ.*

**Allgemein:**

Der Wassermann symbolisiert Unabhängigkeit und Freiheit. Er sucht den Kontakt zu Freunden und Gleichgesinnten und ist glücklich, solange wie ihm die Verbindungen alle Freiheiten lassen. Der Wassermann ist ein Individualist. Für Mode, gesellschaftliche Verpflichtungen oder ganz allgemein für Normen, hat er wenig übrig. Das kann zu einem eigenwilligen Lebensstil führen. Für den Wassermann gibt es keine Grenzen. Alles ist möglich, alles ist machbar! Sein flexibler Geist entwickelt für alle Situationen und Probleme eine originelle Lösung. Der Wassermann ist zukunftsorientiert und interessiert sich für Neuheiten in allen Bereichen.

## Essenz:

Du hast die Karte des Wassermanns gezogen und bist möglicherweise an einem Punkt angekommen, wo Du für ein Problem noch keine passende Lösung gefunden hast. Kreativität ist jetzt gefragt! Kreative Lösungen könntest Du dann finden, wenn Du beginnst, anders als üblich zu denken: Versuche, den Lösungs*weg* genauso zu lieben wie die Lösung selber. Der Wunsch nach einer schnellen Klärung verführt dazu, die erstbeste und schnellste Möglichkeit zu nehmen. Das Resultat könnte später unbefriedigend für Dich sein.

Wenn Du Dich aber auf den *Weg* konzentrierst, nimmst Du Dir den ganzen Zeitdruck weg. Die Konzentration auf den Weg heißt, dass Du mit Deinen Gedanken *dort* bist, wo Du Dich gerade aufhältst. Erkenne den Weg als Lernprozess und freue Dich, wenn sich Geist und Intuition öffnen und Dir ganz viele kreative Lösungen für Deine Situation präsentieren!

## Affirmation:

***Ich öffne mich für neue Wege und lasse mich überraschen.***

## Schattenkarte Wassermann

# Verpflichtungen

*Ich rebelliere.*

**Allgemein:**

Der Wassermann symbolisiert Ideenreichtum und Individualität. Er interessiert sich für die Zukunft und beschäftigt sich gerne mit den Möglichkeiten, neue Wege zu gehen. Der Wassermann ist offen für alle Veränderungen. Er liebt es, unkonventionelle Wege auszuprobieren und auf diese Weise Regeln und Ordnungen zu umgehen. Er pflegt seinen persönlichen Lebensstil und hält wenig von Modeströmungen und gesellschaftlichen Normen. Der Wassermann hat einen wachen und flexiblen Geist, verfügt über Erfindergeist und Improvisationstalent. Zu seinen Schattenseiten gehört, dass ihm Verpflichtungen zuwider sind. Er kann unzuverlässig sein und kühl wirken, aus Angst, sich zu sehr auf Kosten seiner Freiheit zu binden. Er gibt sich lieber mit der Vorstellung an das, was sein könnte, zufrieden, anstatt zu handeln.

## Essenz:

Die Schattenkarte des Wassermanns ist bei Dir. Hast Du gerade das Gefühl, dass Dir berufliche oder private Verpflichtungen über den Kopf wachsen? Dann ist es höchste Zeit, Dir eine kurze Denkpause zu gönnen. Spüre einen Moment nach, was das Wort »Verpflichtung« für Dich bedeutet. Was empfindest Du bei diesem Wort? Wut, Ärger, Aggression, Rebellion? Wenn Du Dich zu etwas gezwungen fühlst, blockierst Du Deine ganze Kraft. An einer Notwendigkeit kommst Du nicht vorbei. Aber Du könntest Deinen inneren Widerstand aufgeben. Denke an Deine Verpflichtung und ziehe Deine Mundwinkel für ein Lächeln nach oben. Du wirst sehen: Deine Muskeln entspannen sich sofort und Dein Körper kann Glückshormone aktivieren. Probiere es aus und lass Dich von dieser unkonventionellen Übung überraschen! Sie funktioniert!

**Affirmation:** ***Ich begegne Verpflichtungen mit einem Lächeln.***

# Fische

## Mitgefühl

*Ich bin hingebungsvoll.*

### Allgemein:

Die Fische symbolisieren Sensibilität und Einfühlsamkeit. Sie besitzen ein tiefes Mitgefühl und Verständnis für die Sorgen anderer Menschen, und haben das Bedürfnis, aufopfernd und hingebungsvoll zu helfen. Die Fische nehmen viele Stimmungen und Untertöne wahr und können sich so nach Bedarf auf die Umwelt einstellen. Sie möchten sich mit allem verbunden fühlen und für alle und alles da sein. Die Fische haben ein reiches und phantasievolles Innenleben. Ihr ungebrochenes Urvertrauen kann sie spirituell und religiös machen. Sie sehnen sich nach geistiger, körperlicher und seelischer Einheit, nach Verbundenheit und Zugehörigkeit.

## Essenz:

Die Karte der Fische hat Dich gefunden. Wenn jemand mit einem Problem zu Dir kommt, hörst Du bestimmt aufmerksam zu und bietest, wenn nötig, Deine Hilfe an. Wie ist es aber, wenn Du selber ein Problem hast oder traurig bist? Schenkst Du Dir dann ebenso viel Zeit, hörst Du Dir selber auch so intensiv zu und tröstest Dich? Damit Du Deinen Gefühlen *nicht* »ausgeliefert« bist, ist es notwendig, Deine eigene positive Stimmung zu erzeugen: Durch den inneren Dialog mit Dir selbst! Wenn Du ganz liebevoll mit Dir sprichst – mit Deinem Körper, Deinem Geist und Deiner Seele – hast Du die Möglichkeit, Deine Trauer und/oder Deine Wut konstruktiv zu beeinflussen.

Je mehr Du Dich selber trösten kannst und je liebevoller Du mit Dir selber umgehst, desto mehr können die anderen auf Dich zukommen und dann auch Dir helfen.

## Affirmation:

***Ich begegne meinen Bedürfnissen ebenso einfühlsam wie denen der anderen.***

Schattenkarte **Fische**

# Sucht

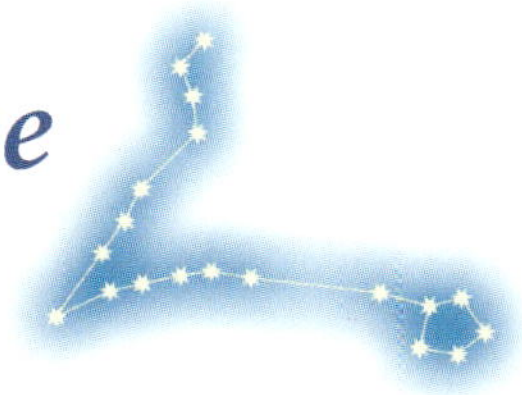

*Ich suche.*

## Allgemein:

Die Fische symbolisieren Menschenliebe, Hingabe und Aufopferung für andere. Selbstlos helfen sie denen, die es nötig haben, ohne sie von sich abhängig machen zu wollen. Manchmal sind die Fische so aufs Helfen konzentriert, dass sie ihre Bedürfnisse zurückstellen und dabei sich selbst vergessen. Die Fische erkennen die Zusammenhänge zwischen der geistigen und der materiellen Welt. Sie haben eine große Sehnsucht nach dem All-eins-sein, und wünschen sich, als Individuum im Ganzen ein- und aufzugehen. Die Schattenseite der Fische ist Verschlossenheit. Viele ihrer Wesenszüge bleiben dadurch im Verborgenen. Fische lassen sich schnell beeindrucken und können leicht beeinflusst und manipuliert werden, wobei sie ihrerseits unbewusst oder auch bewusst manipulieren können. Auf der Suche nach dem tiefen Sinn des Lebens – ihrer Sehnsucht folgend – können Fische den Süchten verfallen.

## Essenz:

Du hast die Schattenkarte der Fische gezogen, und es könnte sein, dass Du gerade eine diffuse Sehnsucht verspürst, zu der Du keinen richtigen Zugang hast, und die Du nicht mit Worten erklären kannst. Dieses Gefühl kann sich in Form von Trauer oder Unruhe ausdrücken. Sehnsucht ist das tiefe Verlangen nach einem Menschen, einer Sache, nach Liebe, Geborgenheit, Anerkennung, oder nach dem »verlorenen Paradies«. Die Sehn–Sucht ist zu Dir gekommen, weil sie etwas sucht. Nimm diese Sehnsucht zur Kenntnis, akzeptiere, dass sie da ist, ohne ihr allzu viel Gewicht zu geben. Sonst könnte sie schneller zu einer Sucht führen als Dir lieb wäre.

## Affirmation:

***Ich akzeptiere meine Sehn-Sucht und finde das, was mich nährt.***

# Die Häuser

Die so genannten Häuser werden anhand der Geburtszeit und dem Geburtsort ermittelt und teilen das Horoskop in zwölf Felder ein. Jedes Haus symbolisiert einen bestimmten Lebensbereich, in dem der Mensch seine Erfahrungen sammelt.

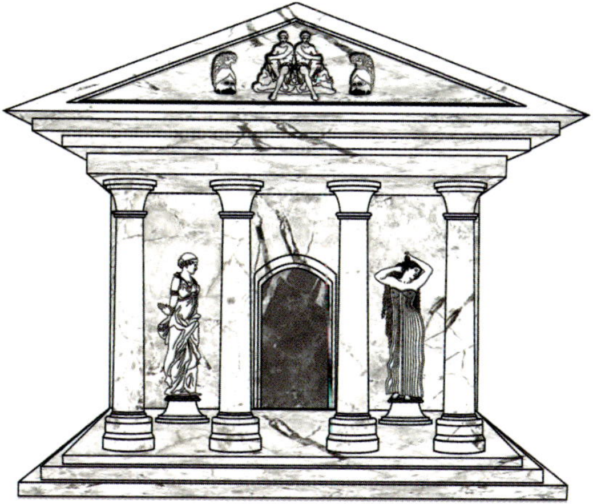

1. Haus
Persönlichkeit
2. Haus
Werte
3. Haus
Kommunikation
4. Haus
Familie
5. Haus
Lebensfreude
6. Haus
Alltag
7. Haus
Beziehungen
8. Haus
Grenzerfahrungen
9. Haus
Lebensanschauungen
Ich kann mir mit meinen positiven und fokussierten Gedanken jeden Wunsch erfüllen.
10. Haus
Karriere
Ich formuliere meine Ziele und erreiche dadurch meinen Erfolg.
11. Haus
Freundschaften
Ich lade die Freunde in mein Leben ein, die mir gut tun.
12. Haus
Rückzug
Ich schenke mir jeden Tag Zeit zum Meditieren und begegne dem Alltag mit neuer Kraft.

# Das 1. Haus

## Persönlichkeit

*Ich zeige mich der Welt.*

**Allgemein:**
Das 1. Haus ist das Haus der eigenen Persönlichkeit. Es symbolisiert Neustart und neues Leben und gibt über das »Ich selbst« und unser Lebensgefühl Auskunft. Es beschreibt, wie wir auf die Welt zugehen, wie wir auftreten, und wie die Welt uns wahrnimmt. Das 1. Haus zeigt, welche Fähigkeiten vorhanden sind, wie man sich im Leben durchsetzt und darstellt. Es weist auf das Temperament und die Konstitution eines Menschen hin.

## Essenz:

Die Karte des 1. Hauses deutet darauf hin, dass etwas Neues oder gar ein neuer Lebensabschnitt bevorsteht. Lass Dich mit ganzem Herzen darauf ein und nütze die Aufbruchsstimmung, damit Du den Aufgaben mit ganzer Kraft begegnen kannst. Stehe zu Dir, entfalte Dich und zeige der Welt Deine Qualitäten. Das, wonach Du die Karten befragt hast, kann jetzt eine ganz neue Dimension erreichen. Setze Dich über Hürden hinweg, spiele mit Deiner Ausstrahlung und freue Dich über alles, was zurückkommt.

## Affirmation:

***Ich heiße die neuen Aufgaben in meinem Leben willkommen.***

# Das 2. Haus

## Werte

*Ich freue mich über das, was ich habe.*

### Allgemein:

Das 2. Haus zeigt die Einstellung zu Geld, Besitz, den eigenen Talenten und dem Selbstwertgefühl. Es symbolisiert das Streben nach Sicherheit und gibt Auskunft über die realen Erwerbsmöglichkeiten. Das 2. Haus zeigt, welche Art von »Eigentum« neben den materiellen Gütern wichtig ist: die körperlichen Fähigkeiten, Wissen oder Beziehungen. Es zeigt an, welche Begabungen verwirklicht werden können, also wie man sich »selber zum Blühen bringen« kann.

## Essenz:

Wenn die Karte des 2. Hauses zu Dir kommt, möchte sie Dich auffordern, Deine Einstellung zum Geld anzuschauen. Was bedeutet Geld für Dich? Liebst Du das Geld und liebt es Dich? Hast Du genug Geld für Dich selbst?

Jetzt wäre ein guter Zeitpunkt, etwas für Dich zu tun! In eine Aus- oder Weiterbildung zu investieren, in Deine Fitness oder Gesundheit.

Das Geld und die Energie, die Du in Dich investierst, wird bald Früchte tragen, und Dein Umfeld wird sehen, dass sich bei Dir etwas verändert hat. Von diesem Moment an kannst Du empfangen und genießen, Dein Glück und Deinen Reichtum teilen und weitergeben. Alles wird im Überfluss zu Dir zurückkommen!

## Affirmation:

***Ich kümmere mich um meinen inneren Reichtum***
***und entdecke meine verborgenen Schätze.***

# Das 3. Haus

## Kommunikation

*Ich interessiere mich.*

### Allgemein:

Das 3. Haus entspricht der linken Gehirnhälfte, dem rationalen Denken. Es zeigt unsere Beziehung zum Wissen und wie wir lernen. Es steht symbolisch für das nahe Umfeld, und wie wir die Umgebung wahrnehmen. In diesem Haus finden wir die Interessen, die Kommunikationsfähigkeit, die intellektuellen Erfahrungen und auf welche Art und Weise der Austausch mit anderen Menschen stattfindet. Tiefschürfende Gespräche sind keine Sache des 3. Hauses, es handelt sich dabei eher um den »Kaffeeklatsch« bei dem man über »Gott und die Welt« spricht. Auch Handel und Geschäftsreisen sowie die Beziehung zu unseren Geschwistern sind hier zu finden.

## Essenz:

Wenn Du die Karte des 3. Hauses gezogen hast, möchte sie Dich auffordern, das Thema, das Dich gerade beschäftigt, in die Welt hinauszutragen und mit Freunden zu diskutieren. Andere Ideen und andere Sichtweisen können helfen, das eigene Gedanken-Karussell zu stoppen. Bleib flexibel! Interessiere Dich für viele An- und Einsichten, kommuniziere und führe Gespräche, ohne Dich festzulegen, ohne endgültige Entscheidungen zu treffen. Sprich offen über das, was Dich bewegt, und nimm alle Informationen, die zu Dir kommen, dankbar an. Wenn Du Dich frei machst, wirst Du die Leichtigkeit des Seins erkennen, und Deine Fragen können ohne große Anstrengungen geklärt werden.

## Affirmation:

***Ich nehme mir Zeit und sammle neue Erfahrungen.***

# Das 4. Haus:

## Familie

*Ich gestalte mein Privatleben.*

### Allgemein:

Im 4. Haus liegen die Wurzeln unserer Persönlichkeit, das Bedürfnis nach Familie und Privatsphäre. Hier befindet sich das innere Zentrum der Ruhe. Das 4. Haus zeigt, welche Prägungen unsere Gefühle und Bedürfnisse haben und welches Umfeld wir brauchen, um uns wohlfühlen und entspannen zu können. In diesem Haus finden wir unsere ganz persönliche Geschichte: Herkunft und Heimat, die Erfahrungen, die wir in der Kindheit gemacht haben und unsere Prägungen.

## Essenz:

Wenn die Karte des 4. Hauses zu Dir kommt, möchte sie Dich ermuntern, eine bestimmte Situation aus Deiner Vergangenheit, wo Du Dich unwohl gefühlt hast, nochmals bewusst anzuschauen. Meditiere in Ruhe über diese Karte und warte, was für ein Thema oder was für eine Situation an die Oberfläche kommt. Auch wenn diese Erinnerung schmerzhaft sein sollte, sei mutig und spür Dich hinein! Dieses bewusste Hinschauen wird Dir für Deine Gegenwart und Zukunft nützen; denn nur so können Verhaltensmuster erkannt, aufgebrochen und erlöst werden.

## Affirmation:

***Ich finde meine Wurzeln auch in der Gegenwart***
***und bekomme die Geborgenheit, die ich brauche im »Hier und Jetzt«.***

# Das 5. Haus

## Lebensfreude

*Ich habe Spaß am Leben.*

### Allgemein:

Das 5. Haus ist der Bereich der Freude, der Erotik und der Kreativität. In diesem Haus finden wir alles, was Spaß macht: Spiel, Sport, Abenteuer, Vergnügen, Hobbys, Unterhaltung oder Freizeit. Hier geht es um die Selbstdarstellung und um das Bedürfnis, sich zeigen zu können. Die spielerische Seite des »Ichs« will wahrgenommen und anerkannt werden. In diesem Haus können wir unsere gestalterischen Energien entfalten und uns selbst verwirklichen in Form von künstlerischer Tätigkeit.

Unser ureigenster schöpferischer, kreativer Ausdruck sind unsere Nachkommen! Darum wird das 5. Haus auch das »Haus der Kinder« genannt.

## Essenz:

Wenn Du die Karte des 5. Hauses gezogen hast, solltest Du für einen Moment alles, was Dich bedrückt, wegschieben und ganz bewusst an den Freuden des Lebens teilnehmen. Setze bunte Akzente in Deinen Alltag!  Belohne Dich jetzt mit *dem*, was Du schon lange machen wolltest und aus Zeitgründen immer wieder verschoben hast. Mit der Kraft dieser Karte könntest Du auch Deine verborgenen Talente aufspüren und sie spielerisch und kreativ zum Ausdruck bringen. Fülle Deine Ideen mit Leben! Deiner Selbstverwirklichung stehen alle Tore offen. Du bist an der Reihe! Jetzt!

## Affirmation:

***Ich mache das, was mir am meisten Freude bereitet und bringe mich zum Ausdruck.***

# Das 6. Haus

## Alltag

*Ich arbeite.*

### Allgemein:

Das 6. Haus ist der Bereich des Alltags und der Gesundheit. In diesem Haus finden wir die Bereitschaft zu dienen und die Anpassungs- und Leistungsfähigkeit. Das 6. Haus symbolisiert alles, was mit den täglichen Arbeiten und Pflichten des Lebens verbunden ist: Das fängt bei der Körperpflege an, geht über die Organisation des Alltags, bis hin zu Arbeit und Beruf als Existenzsicherung. In diesem Zusammenhang steht dann auch die Gesundheit in diesem Haus. Sind wir im Alltag und mit unserer Arbeit glücklich, bleiben wir gesund und haben Lebensenergie. Geist und Materie sind im Einklang, Himmel und Erde verbunden.

## Essenz:

Die Karte des 6. Hauses ist zu Dir gekommen. Richte Deine Aufmerksamkeit jetzt ganz besonders auf *die* alltäglichen Pflichten, die Du ungern verrichtest, aber tun *musst*. Mit allem, was Du aufschiebst, machst Du Dir nur doppelte Arbeit – Du blockierst zusätzlich Deinen Geist, weil Du immer daran denken musst, und Deine Seele, weil Du ein schlechtes Gefühl hast. Versuche all die Arbeiten, die Dir Mühe machen, genauso zu ehren und zu achten, wie die Arbeiten, die Dich freuen und Dir leicht von der Hand gehen. Nur Arbeit, die Du nicht als Pflicht empfindest, bringt Dir Befriedigung und macht Dich glücklich. Und außerdem erledigen sich beseelte Notwendigkeiten fast von selbst und schenken Dir wiederum Zeit. Wertvolle Zeit, die Du für Dich selbst zur Verfügung hast. Nutze sie!

## Affirmation:

***Ich kümmere mich mit Freude um meine alltäglichen Pflichten.***

# Das 7. Haus

## Beziehungen

*Ich erkenne mich im Spiegel der anderen.*

### Allgemein:

Das 7. Haus ist der Bereich, der für Partnerschaften auf allen Ebenen steht. Es symbolisiert den Wunsch, Beziehungen zu anderen Menschen zu schaffen, um sich im Du spiegeln zu können. In diesem Haus suchen wir Idealbilder von Menschen, Freunden und Partnern. Charakterzüge, Eigenschaften oder Verhaltensweisen, die in uns verborgen sind, wollen durch ein Gegenüber erweckt und lebendig gemacht werden. Durch das »Du« werden die unbewussten Seiten, Wünsche und Träume des eigenen Wesens erkannt und finden Erfüllung. Das 7. Haus steht neben dem Ergänzungswunsch und der Kontaktfähigkeit auch für die Ehe, Verträge oder Rechtsfragen.

## Essenz:

Die Karte des 7. Hauses ist zu Dir gekommen und möchte Dir sagen, dass alles, was Du bei einem Partner suchst, auch in Deinem tiefsten Inneren verborgen liegt. Wenn Dir jemand gefällt mit einem Charakter, den Du bewunderst, dann schlummert dieser Wesenszug auch in Dir, möchte aufgeweckt und selber gelebt werden. Wenn Dich auf der anderen Seite gewisse Verhaltensmuster Deines Gegenübers immer wieder ärgern und an Deine Grenzen bringen, dann will dieses Muster in Dir selber erlöst werden. Versuche Dir darüber klar zu werden, welche Deiner innersten Wünsche und Vorstellungen Du auf die anderen projizierst und erkenne Dich selbst. Mitmenschen sind Deine Spiegel und somit der Schlüssel zu Deiner Seele.

## Affirmation:

***Ich erkenne im »Du« meine Wünsche und verwirkliche sie in meinem Leben.***

# Das 8. Haus

## Grenzerfahrungen

*Ich lasse los.*

### Allgemein:

Das 8. Haus symbolisiert den Umwandlungsprozess von Sein oder Nicht-Sein, von Leben und Tod, von Wiedergeburt und Erneuerung. Alles, was sich abgelöst hat oder für die Weiterentwicklung hinderlich ist, wird in diesem Haus zurückgelassen. Diese oft sehr schmerzlichen Prozesse, die mit den unergründlichsten und tiefsten Geheimnissen unseres Lebens zu tun haben, zwingen uns, die Kontrolle aufzugeben und sich kompromisslos einzulassen. Aus diesem Wissen, dass alles vergänglich ist und plötzlich zu Erde sein kann, wächst das Bedürfnis nach intensiver seelischer und emotionaler Sicherheit. Zum 8. Haus gehören auch Sexualität, fremde Mittel (zum Beispiel Erbe), Macht und Ohnmacht.

## Essenz:

Du hast die Karte des 8. Hauses gezogen. Wenn sich bei Dir Veränderungen anzeigen, öffne Dich und sage »ja« dazu. Was jetzt von Dir gehen muss – lass es los. Es gehört einfach nicht mehr zu Deinem Leben. Es ist Zeit, Altes zu verabschieden und für Neues Raum zu schaffen. Dieser innere »Stirb-und-Werde-Prozess« ist eine Transformation auf höchster Ebene. Auch wenn Du im Moment keinen Sinn darin siehst, und Du von Schmerz und Trauer erfüllt bist, vertraue in eine »Höhere Macht«, auf die wir keinen Einfluss haben. Freue Dich über das, was bleibt. Es gehört zu Dir.

## Affirmation:

***Ich nehme Veränderungen liebevoll an und lasse Vergangenes los.***

# Das 9. Haus

## Lebensanschauungen

*Ich wachse über Grenzen hinaus.*

### Allgemein:

Das 9. Haus symbolisiert vor allem die Horizonterweiterung durch geistige und seelische Weiterentwicklung. In diesem Haus wird nach dem Sinn im Leben gesucht. Es gibt Auskunft über die geistige Haltung, die Philosophie und die Weltanschauung eines Menschen. All dies wird auch durch Reisen in ferne Länder und durch das Kennenlernen anderer Kulturen geprägt. Hier spielt auch das Thema »Toleranz« eine Rolle. In diesem Haus werden religiöse und moralische Themen wichtig, ethische Wertvorstellungen werden definiert, neue Impulse gesucht und eine eigene Lebensphilosophie entwickelt.

### Essenz:

Die Karte des 9. Hauses hat Dich gefunden und möchte Dich ermutigen, Deinem geistigen Wachstum ganz besondere Aufmerksamkeit zu schenken. Stell Dir vor, Du hättest die Möglichkeit, Dein ganzes weiteres Leben und Deine Zukunft in allen Einzelheiten selbst zu gestalten. Über Gesundheit, Liebe, Arbeit, Glück, Finanzen zu bestimmen – und alles trifft genauso ein, wie Du es gerne haben möchtest! Lass mich raten: Du würdest Dir von allem nur das Beste wünschen. Richtig? Warum tust Du es dann nicht? Energie folgt der Aufmerksamkeit! Die Energie sind Deine Gedanken! Und diese Kraft kann Berge versetzen! Fülle Deine Gedanken mit Deinen positiven Wünschen und lass Dich überraschen! Alles ist möglich!

### Affirmation:

***Ich kann mir mit meinen positiven und fokussierten Gedanken jeden Wunsch erfüllen.***

# Das 10. Haus

## Karriere

*Ich fühle mich berufen.*

### Allgemein:

Das 10. Haus symbolisiert das Streben nach Ansehen und Anerkennung. Als individuelle Persönlichkeit wollen Ziele verwirklicht und in der Gesellschaft ausgedrückt werden. Dieses Haus steht auch für herausragende Leistungen, um in der Öffentlichkeit oder im Beruf Wertschätzung zu finden. Ehrgeiz und Fleiß sind nötig, damit sich der erwünschte Erfolg einstellt. Im 10. Haus ist neben der Karriere aber auch die Berufung zu finden, mit der ein Mensch seinem Lebenssinn ein Stück näher kommen kann.

## Essenz:

Du hast die Karte des 10. Hauses in der Hand. Ein klares Ziel ist die wichtigste Grundlage zum Erfolg, denn nur ein eindeutiges Ziel ist erreichbar! Dabei spielt es keine Rolle, ob Du ein großes oder ein kleines Ziel hast, ein berufliches oder privates. Wichtig ist nur, dass Du den Überblick behältst und das Vorhaben in kürzester Zeit mit geringstem Kräfteaufwand verwirklichen kannst. Wenn Du Dir etwas vorgenommen hast oder vornehmen willst, schreibe es auf. Du gibst Deinem Ziel damit Gewicht. Durch das schriftliche Festhalten wird das, was bis jetzt nur in Deinem Kopf existiert hat, »geboren«. Mach aus dieser Absichtserklärung einen feierlichen Akt, denn es ist ein Vertrag mit Dir selber. Achte darauf, dass Du genau formulierst, in der Gegenwart bleibst und positive Worte wählst. Halte fest, in welcher Zeit Du Dein Ziel erreichen willst und mach Dich Schritt für Schritt auf den Weg zu Deinem Erfolg! Du kannst zu Deinem Ziel kommen und die Früchte Deiner Arbeit genießen!

## Affirmation:

***Ich formuliere meine Ziele und erreiche dadurch meinen Erfolg.***

# Das 11. Haus

## Freundschaften

*Ich gehöre zur Gemeinschaft.*

### Allgemein:

Das 11. Haus symbolisiert die Beziehung zur Gesellschaft und zeigt die soziale Einstellung an. Zu diesem Haus gehört der Freundeskreis, die Freundschaften und die Interessensgemeinschaften. Hier werden Verbündete gesucht, um Anliegen und gemeinsame Ziele zu verwirklichen. Die eigene Kreativität, Individualität und Originalität will in die Gruppe eingebracht werden.

Es geht um den Wunsch der Zugehörigkeit im Team und darum, sich verbinden zu können, ohne sich binden zu müssen. Der Glaube an die Zukunft, an den Fortschritt und an die Entwicklung der Gesellschaft sind weitere Themen des 11. Hauses.

## Essenz:

Du hast die Karte des 11. Hauses gezogen. Du bist Teil einer Gemeinschaft und eingebettet in verschiedene Beziehungssysteme. Das kann Deine Familie sein, Deine Kollegen in der Arbeit oder Dein Freundeskreis. Gute Freunde zu finden und tiefe Freundschaften erhalten zu können ist absolutes Glück! Wenn Du Menschen um Dich hast, denen Du vertraust, die mit Dir durch »dick und dünn« gehen, die für Dich zu allen Zeiten da sind, mit Dir die Freizeit teilen und gemeinsame Interessen verfolgen, ist das ein großes Geschenk! Pflege diese Freundschaften! Du hast Deine Freunde gefunden – Sie gehören zu Dir! Genieße sie! Oder: gehe weiter und finde neue Freunde – einen neuen Freundeskreis.

## Affirmation:

***Ich lade die Freunde in mein Leben ein, die mir gut tun.***

# Das 12. Haus

## Rückzug

*Ich gehe in die Stille.*

### Allgemein:

Das 12. Haus symbolisiert den Rückzug aus der Welt. Das kann einerseits durch Träume geschehen, andererseits durch Suchtverhalten. Dieses Haus steht für den Wunsch, sich in eine eigene Welt zurückziehen zu dürfen, um innere Ruhe zu finden und Kraft zu tanken. Da liegt auch der Zugang zum Unbewussten, zum Mystischen. Die Sehnsucht nach dem Göttlichen und nach Spiritualität zeigt sich in diesem Haus. Hier kann man die eigenen Grenzen verschwimmen lassen, um – eingebettet – Teil eines Ganzen zu werden. Dabei besteht allerdings die Gefahr, sich zu verlieren und in eine Phantasiewelt abzutauchen. Weitere wichtige Themen des 12. Hauses sind Hingabe und Mitgefühl, die sich in einer humanitären Arbeit ausdrücken können.

### Essenz:

Du hast die Karte des 12. Hauses gezogen und bist wahrscheinlich im Alltag stark gefordert. Dein Geist ist immer hellwach und präsent, und es bleibt kaum Zeit für Besinnung und innere Einkehr. Die Meditation erlaubt Dir, Abstand von allem zu nehmen, Deinen Geist »herunterzufahren« und Deine Batterien wieder aufzuladen. Leiste es Dir und schenke Dir jeden Tag ein paar Minuten Zeit, um Deine sprudelnden Gedanken zu beruhigen und in die Ruhe kommen zu dürfen. Es ist ganz einfach: Setze Dich bequem hin, schließe die Augen und konzentriere Dich ganz auf Deinen Atem: auf das Ein- und Ausatmen ... ein und aus ... immer wieder. Bis Deine Gedanken bereit sind, die Ruhe anzunehmen. Stell Dir jetzt vor Deinem geistigen Auge einen Ort vor, den Du liebst und an dem Du besonders gerne bist. Höre die Geräusche, rieche die Umgebung, erkenne die Schönheit der Landschaft und empfinde die tiefe Ruhe in Dir Wenn Du bereit bist, verabschiede Dich von diesem Ort und kehre langsam in die Wirklichkeit zurück. Du wirst sehen: Wenn Du regelmäßig diese kleine Meditationsübung machst, kannst Du gelassen und gestärkt den Alltag meistern.

## Affirmation:

***Ich schenke mir jeden Tag Zeit zum Meditieren und begegne dem Alltag mit neuer Kraft.***

# Die Achsen

Ein Horoskop ist in zwei Hauptachsen aufgeteilt. Die erste Achse ist eine horizontale Verbindung zwischen dem ersten und dem siebten Haus. Wenn Du Dir eine Uhr vorstellst, wäre das eine Verbindungslinie zwischen 9 Uhr und 3 Uhr. Im ersten Haus (9 Uhr) spricht man vom Aszendenten, im siebten Haus (3 Uhr) vom Deszendenten. Diese Achse symbolisiert die Verbindung vom »Ich zum Du«.
Die zweite Hauptachse ist die Verbindung vom vierten und zehnten Haus. (Wenn Du Dir das Bild von der Uhr noch einmal vorstellst, verbindest Du 6 Uhr mit 12 Uhr). Im Horoskop ist das vierte Haus (6 Uhr) der tiefste Punkt und heißt Himmelstiefe, das zehnte Haus (12 Uhr) ist der höchste Punkt und wird Himmelsmitte genannt. Diese Achse ist sozusagen das Rückgrat und verbindet symbolisch Deine Herkunft mit Deinen Zielvorstellungen.

# Aszendent

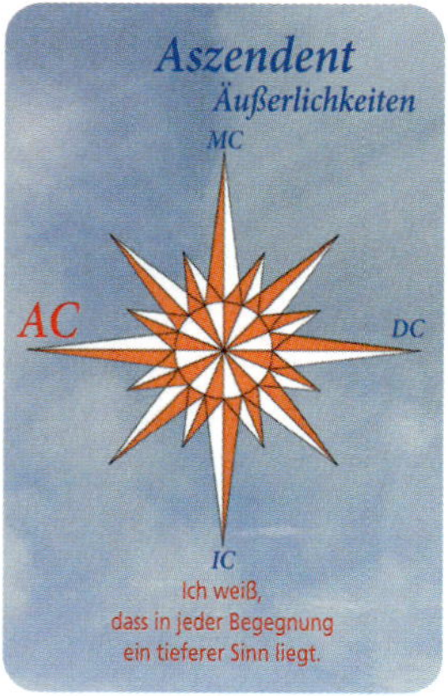


## *Äußerlichkeiten*

*Ich achte auf Botschaften.*

### Allgemein:

Der Aszendent (lat. ascendere – aufsteigen) wird aus der persönlichen Geburtszeit errechnet und symbolisiert die individuelle Note eines Menschen. Er macht die äußeren Eigenschaften einer Persönlichkeit deutlich, die Seite, die von der Umwelt am schnellsten wahrgenommen wird. Der Aszendent wird zusammen mit dem Tierkreiszeichen gedeutet, in dem er zum Zeitpunkt der Geburt steht. Der Aszendent symbolisiert die Themen, an denen wir unser ganzes Leben arbeiten, um wachsen zu können.

## Essenz:

Du hast die Karte des Aszenderten gezogen. Wenn Du Dich jetzt nur auf Äußerlichkeiten konzentrierst, könnten Dir wichtige Lebenserfahrungen entgehen. Mit Menschen, die auf den ersten Blick anders wirken als Du, findest Du vielleicht erst auf den zweiten Blick eine gemeinsame Basis. Denke daran, dass jede Begegnung einen tieferen Sinn hat und von einer größeren Ordnung aus gesehen für Deine Weiterentwicklung wichtig ist. Lass Dich nicht von Äußerlichkeiten beeinflussen! Suche bei Begegnungen, auch wenn Sie für Dich noch so belanglos sind, nach dem inneren Wert, nach dem Verborgenen, nach dem Gehaltvollen. Wenn Du Dich auf die Essenz konzentrierst, spielen Äußerlichkeiten keine große Rolle mehr.

## Affirmation:

***Ich weiß, dass in jeder Begegnung ein tieferer Sinn liegt.***

# Deszendent

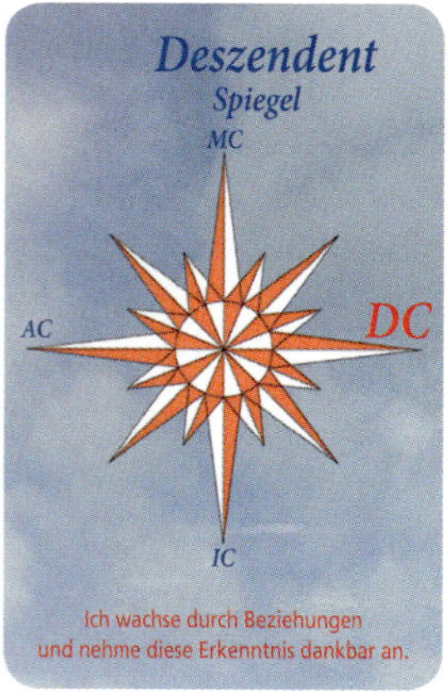


## Spiegel

*Ich und Du.*

### Allgemein:

Der Deszendent (lat. descendere – absteigen) zeigt in einem Horoskopkreis an, was im »Du«, im Partner gesucht wird. Der Deszendent ist wie ein Spiegel, der die Qualitäten, die wir gerne hätten, in Begegnungen, Partnerschaften und Beziehungen zeigt, damit wir uns optimal entwickeln können. Der Deszendent wird immer zusammen mit dem Tierkreiszeichen gedeutet, in dessen Zeichen er im individuellen Horoskop steht.

## Essenz:

Die Karte des Deszendenten ist zu Dir gekommen. Gib Dich dem »Du«, dem Zauber von Partnerschaft und Liebe hin! Die ewige Sehnsucht der Seele nach Zuwendung, Zärtlichkeit, Vertrauen und Liebe möchte gestillt werden. Lass Deine Kraft in eine Partnerschaft fließen, in der Du Dich geborgen und aufgehoben fühlst. Bring Deine ganze Vielfalt in die Beziehung ein und integriere ebenso die Fähigkeiten Deines Partners. Das bereichert den gemeinsamen Lebensweg und ermöglicht Dir, Deine unbewussten Seiten besser kennenzulernen und Beziehung zu leben. Dieses harmonische Miteinander bringt Dich auch in einen inneren Einklang, erdet Dich, stärkt Dein Selbstvertrauen und das Vertrauen in Deine Beziehungsfähigkeit.

## Affirmation:

***Ich wachse durch Beziehungen und nehme diese Erkenntnis dankbar an.***

# Himmelsmitte

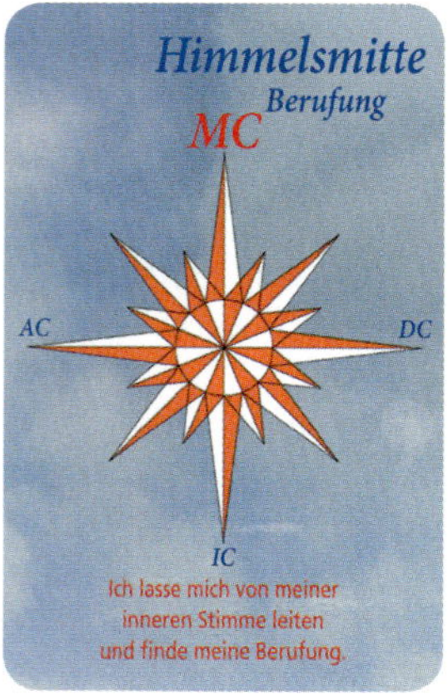


## Berufung

*Ich folge meiner inneren Stimme.*

### Allgemein:

Die Himmelsmitte (auch Medium Coeli oder abgekürzt MC genannt) ist der höchste Punkt im Horoskopkreis und drückt den ganz persönlichen Zielpunkt aus, der im Außen erfüllt werden will. Dazu können berufliche, private und gesellschaftliche Stellungen gehören, aber auch die innere Berufung. Die Himmelsmitte wird immer zusammen mit dem Tierkreiszeichen gedeutet, in dessen Zeichen sie im individuellen Horoskop steht.

## Essenz:

Du hast die Karte »Himmelsmitte« gezogen, und es geht jetzt um Deine Berufung. Das Wort »Berufung« leitet sich vom Wortstamm »rufen« ab. Vielleicht kannst Du Dich erinnern, dass Du als Kind Hunderte von Träumen hattest? Träume, die davon sprachen, etwas Besonderes zu sein und eine außergewöhnliche Aufgabe im Leben zu erfüllen? Dann hast Du die Stimme Deines Herzens gehört. Sie hat Dich gerufen! Das Gefühl, einzigartig zu sein, ist in der Hektik Deines Lebens möglicherweise schon längst untergegangen. Aber Deine innere Stimme ruft Dich immer noch! Nimm Dir Zeit und Ruhe, damit Du hören kannst, was sie Dir im »Hier und Jetzt« sagen will. Nimm sie ernst! Der Stimme des Herzens folgen und die Berufung zu erkennen und zu leben, ist etwas ganz Besonderes. Jetzt ist die Zeit, schöpferisch zu sein, selbstbestimmt Deinen Interessen nachzugehen und Deine Berufung zu finden.

## Affirmation:

***Ich lasse mich von meiner inneren Stimme leiten und finde meine Berufung.***

# Himmelstiefe

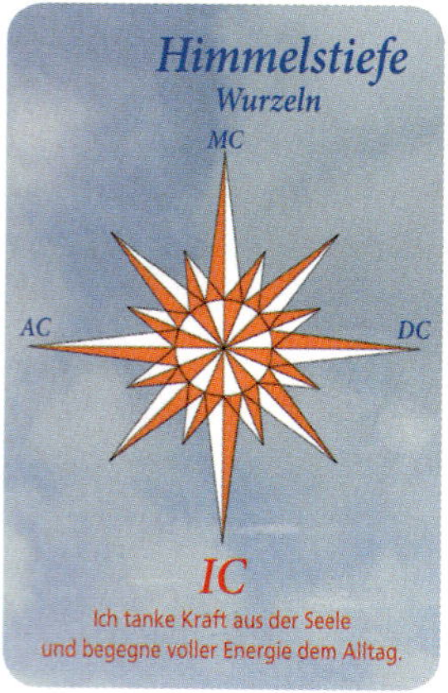


## Wurzeln

*Ich besinne mich.*

### Allgemein:

Die Himmelstiefe (auch Imum Coeli oder abgekürzt IC genannt) ist der tiefste Punkt im Horoskopkreis und gibt Auskunft über unsere seelischen Wurzeln, über das Elternhaus und unsere Kindheitsprägungen. Alle positiven und negativen Erfahrungen aus unserer Vergangenheit sind am IC gespeichert. Die Himmelstiefe wird immer zusammen mit dem Tierkreiszeichen gedeutet, in dem sie im individuellen Horoskop steht.

## Essenz:

Du hast die Karte der Himmelstiefe gezogen. Möglicherweise ist Dein Alltag von Stress und Hektik gefärbt. Du gönnst Deinen Gedanken wenig Pause und Ruhe; die Balance zwischen Arbeits- und Freizeit ist aus dem Gleichgewicht geraten und »abschalten« fast unmöglich geworden.

In diesen Zeiten der Überforderung ist es ganz wichtig, neue Kraft zu tanken und die eigenen Batterien immer wieder aufzuladen. Diese Karte möchte Dich dazu ermuntern, die Verbindung zu Deinen Wurzeln und zu Deinem innersten »Ich« zu suchen. Dort schlummert die Energie, die Du im Moment brauchst, damit Du mit der nötigen Gelassenheit wieder am Leben teilhaben kannst. Nimm Dir Zeit, einen inneren Raum der Ruhe zu finden, dort einzukehren und so lange zu bleiben – und wenn es nur Minuten sind – bis Du Dich wieder kräftig genug fühlst, den Alltag aktiv zu gestalten.

## Affirmation:

***Ich tanke Kraft aus der Seele und begegne voller Energie dem Alltag.***

# Die Legemöglichkeiten

Für die folgenden Spielmöglichkeiten lege bitte die 3 Signalkarten (rot, sonnengelb, grün) beiseite und nimm das ganze Kartendeck in die Hand. Wie die 3 Signalkarten eingesetzt werden, siehst Du im letzten Legevorschlag am Schluss dieses Kapitels. Bevor Du mit dem Ziehen beginnst, mische die Karten gut durch

## Das Ziehen einer Karte:

✓ **Für die schnelle Lösung:**

Nimm das ganze Kartendeck (ohne Signalkarten) und mische gut durch. Konzentriere Dich auf Deine Frage oder Dein Thema und »ziehe« aus den verdeckten Karten die *eine* Karte, die zu Dir kommen will. Schau Dir das Bild an und lies die Affirmation auf der Karte. Arbeite so lange mit der Affirmation, wie Du möchtest.

✓ **Als Tages-, Wochen- oder Zeitkarte:**

Nimm das ganze Kartendeck (ohne Signalkarten) und mische gut durch. Konzentriere Dich auf Deine Frage oder Dein Thema für den Tag, für die Woche oder auf unbestimmte Zeit und »ziehe« aus den verdeckten Karten die *eine* Karte, die zu Dir kommen will. Schau Dir das Bild an und lies die Affirmation auf der Karte. Wenn Du tiefer in das Thema eintauchen möchtest, lies den entsprechenden Text im Buch nach.

✓ **Als Standortbestimmung:**

Wenn Du keine bestimmte Frage hast, kannst Du die Karten auch »offen« befragen. Gehe vor wie oben: Nimm das ganze Kartendeck (ohne Signalkarten) und mische gut durch. Konzentriere Dich auf die Frage, was derzeit für Dich wichtig ist oder auf was Du achten darfst und »ziehe« aus den verdeckten Karten die *eine* Karte, die zu Dir kommen will. Schau Dir das Bild an und lies die Affirmation auf der Karte. Wenn Du tiefer in das Thema eintauchen möchtest, lies den entsprechenden Text im Buch nach.

✓ **Als Rückblick:**

Wenn während des Tages ein Problem oder eine unklare Situation aufgetaucht ist, kannst Du die Karten auch »rückwirkend« befragen. Nimm das ganze Kartendeck (ohne Signalkarten) und mische gut durch. Konzentriere Dich nochmals auf die besagte Situation, stell Deine Frage folgendermaßen: »Was war das Grundthema dieser Unklarheit, dieses Streites« usw. »Ziehe« aus den verdeckten Karten die *eine* Karte, die zu Dir kommen will und Dir die Antwort bringt. Schau Dir das Bild an und lies die Affirmation auf dieser Karte. Wenn Du tiefer in das Thema eintauchen möchtest, lies den entsprechenden Text im Buch nach.

## Legen mit zwei Karten:

✓ **Kopf und Bauch:**

Nimm das ganze Kartendeck (ohne Signalkarten) und mische gut durch. Konzentriere Dich auf Deine Frage oder Dein Thema und »ziehe« aus den verdeckten Karten die *eine* Karte, die zu Dir kommen will. Schau die Karte noch nicht an, lege sie verdeckt vor Dich hin. Jetzt drehst Du das Kartendeck um, konzentrierst Dich nochmals auf die gleiche Frage oder das gleiche Thema wie vorhin und suchst Dir bewusst eine Karte aus. Wähle die Karte, die Dir im Moment am besten gefällt. Du hast 2 Karten vor Dir – die verdeckte steht für Dein Unterbewusstes, und die, die Du Dir ausgewählt hast, steht für Dein Bewusstsein. Schau Dir jetzt beide Karten an. Lies bei beiden die Affirmationen und die vertiefte Aussage im Buch nach. Vergleiche beide Essenzen und erkenne, was Dein Kopf, und was Deine Seele will. Meditiere über die Karten und versuche, Geist und Seele zu verbinden.

## Legen mit drei Karten:

✓ **Vergangenheit, Gegenwart und Zukunft:**
Nimm das ganze Kartendeck (ohne Signalkarten) und mische gut durch. Konzentriere Dich auf Deine Frage oder Dein Thema und »ziehe« aus den verdeckten Karten 3 Stück. Die erste Karte steht für die Vergangenheit, die zweite Karte ist die Gegenwart und die dritte Karte steht für die Zukunft. Drehe die Karten um und schau sie Dir an. Lies die Affirmationen auf den Karten und die vertiefte Aussage im Buch nach. Kombiniere die Essenzen und erkenne Vergangenheit, Gegenwart und Zukunft.

✓ **Geist, Körper und Seele:**
Nimm das ganze Kartendeck (ohne Signalkarten) und mische gut durch. Konzentriere Dich auf Deine Frage oder Dein Thema und »ziehe« aus den verdeckten Karten 3 Stück. Die erste Karte legst Du oben hin, sie ist die Botschaft des Geistes.

Die zweite Karte legst Du darunter, sie ist die Botschaft des Körpers. Und die dritte Karte ist die Botschaft der Seele, lege sie zuunterst. Drehe die 3 Karten um und schau sie Dir an. Lies die Affirmationen auf den Karten und die vertiefte Aussage im Buch nach. Kombiniere die Essenzen und erkenne die Botschaft von Geist, Körper und Seele.

✓ **Planeten, Tierkreiszeichen, Häuser:**

Teile das Kartendeck (ohne Signalkarten) in Planeten-, Tierkreiszeichen- und Häuserkarten auf. Mische jedes Häufchen durch und lege sie mit der Bildseite nach unten vor Dich hin. Verlasse Dich auf die Karten und höre ihnen zu, was sie Dir zu sagen haben. Ziehe nun eine Karte aus dem Planetenhaufen. Diese Karte sagt Dir, *was* zu tun ist. Ziehe eine Karte aus den Tierkreiszeichen. Sie sagt Dir, wie es zu tun ist. Zum Schluss ziehe noch eine Häuserkarte. Diese Karte sagt Dir, in welchem *Bereich* Deine Aufgabe liegt. Lies die Affirmationen der 3 Karten und kombiniere die Essenzen miteinander.

## Legen mit 4 Karten:

✓ Nimm das ganze Kartendeck (ohne Signalkarten) und mische gut durch. Stell Dir wieder einen Kreis im Sinne einer Uhr vor. Ziehe eine Karte und lege sie auf den Kreis links auf 9 Uhr. Diese Karte gibt Auskunft darüber, *wie ich wahrgenommen werde*. Die zweite Karte legst Du auf den Kreis auf 3 Uhr. Sie zeigt das, *was ich im Du* suche. Die dritte Karte, die Du ziehst, legst Du auf den Kreis auf 6 Uhr. Sie symbolisiert, *was mich im Innersten bewegt*. Und die vierte Karte legst Du auf den Kreis auf 12 Uhr. Sie gibt an, *was ich anstrebe*. Lies die Affirmationen der 4 Karten und kombiniere die Essenzen miteinander.
Solltest Du eine oder mehrere Schattenkarten ziehen, machen sie Dich auf Deine momentanen Blockaden aufmerksam.

## Legen mit Signalkarten:

✓ Nimm das ganze Kartendeck (ohne Signalkarten) und mische gut durch. Konzentriere Dich auf Deine Frage oder Dein Thema und »ziehe« aus den verdeckten Karten 3 Stück. Mische nun die Signalkarten und verteile sie verdeckt auf die drei Karten, die Du gezogen hast. Wenn Du die Karten umdrehst, siehst Du, in welcher Reihenfolge Du mit den Karten arbeiten kannst. Die rote Signalkarte bedeutet: sofort zu erledigen; die sonnengelbe Signalkarte heißt: beschäftige Dich immer wieder mit der Karte, und die grüne bedeutet: lasse die gezogene Karte auf Dich wirken und schau, was passiert.

# *Mein Skorpion und ich*

Ich bin am 18. November geboren und demzufolge – astrologisch gesehen – eindeutig ein Skorpion. Eins vorweg: Ich liebe meinen Skorpion! Wenn ich mein Sternzeichen verrate, treffen mich jedoch manchmal bedauernswerte Blicke von sensiblen Mitmenschen, begleitet von einem kurzen Satz wie: »Oh, du bist ein Skorpion!« Dann herrscht meistens Stille ... Vielleicht warten sie ja darauf, dass ich ihnen Mut mache und entschuldigend erkläre, dass ich gar kein so typischer Skorpion bin. Und dass sie keine Angst vor mir zu haben brauchen, weil ich meinen Stachel nicht auspacke – wenigstens nicht gleich am Anfang. Das sage ich aber nicht, weil es mir auch egal ist, was die anderen Leute von meinem Sternzeichen – und demzufolge auch von mir – denken. Oh! Da hätten wir ja ein typisches Merkmal für den Skorpion! Was andere Leute denken, interessiert ihn nicht. Das Leben ist zu kostbar, um sich Gedanken über die Gedanken anderer zu machen.

Jetzt fällt mir gerade ein, dass noch nie jemand zu mir gesagt hat: »Oh toll, du bist ein Skorpion!« Warum eigentlich nicht? Darüber könnte ich ja einmal sinnieren und ein bisschen nachforschen; denn »forschen« ist ein weiteres typisches Merkmal eines Skorpions. Warum also wird mit Zwillinge Interessenvielfalt assoziiert, wieso bringt man einen Krebs sofort mit Häuslichkeit in Verbindung, die Waage mit Harmonie oder den Wassermann mit Ideenreichtum? Klar, das sind alles »friedliche« Sternzeichen, die keiner Menschenseele etwas zuleide tun können. Ganz anders beim Skorpion. Er kann mit seinem Stachel »verletzen und töten«!

Der Schütze könnte das mit seinem Pfeil zwar auch, aber er ist friedlich und schießt höchstens einmal über sein Ziel hinaus. Demzufolge kreisen am Himmel elf relativ friedliche und ein »super gefährliches« Sternzeichen! Das ist schon bedenklich. Natürlich nur für die anderen. Und im Grunde genommen mag ich es, wenn die Leute vor meinem Sternzeichen – und vor mir – Respekt haben. Ist das etwa auch wieder »typisch Skorpion«?

Wenn mich also das nächste Mal jemand nach meinem Sternzeichen fragt, werde ich ganz selbstbewusst sagen: Ich bin Skorpion und ich liebe meinen Skorpion!

## ... und zum Schluss: Alles begann ...

... mit einer Überraschung für mich! Nicht nur meine Freundin Christine Bengel konnte ein neues Projekt in der spannenden Publikations-Reihe »ganz einfach« beginnen. Auch ich durfte schreiben.

Das Schönste für mich daran war die Synchronizität von Zeit und Raum: Christine und ich saßen nebeneinander und arbeiteten Tisch an Tisch. In ihrem Computer entstand »Numerologie – ganz einfach«, in meinem »Astrologie – ganz einfach«. Zwei befreundete Wissenschaften – die Astrologie und die Numerologie – und zwei ebenso befreundete Personen.

Wir schrieben und schrieben – tagelang und nächtelang – mit rauchenden Köpfen; wir lachten, waren konzentriert, inspiriert, studierten, brüteten, tauschten aus, lasen uns vor, waren kritisch, hängten durch, bekochten uns gegenseitig, ermunterten uns und hatten jede Minute Freude an unserem gemeinsamen Schaffen. Obwohl wir schon seit vielen Jahren ein eingespieltes Team sind, war das gleichzeitige Entstehen dieser

beiden Sets doch eine ganz wundervolle, neue Erfahrung ... Danke Christine für dieses Erlebnis und für Dein Sein in meinem Leben!
Herzlichen Dank an Silvia Bachmann für ihr Vertrauen, denn ohne mich persönlich zu kennen, ließ sie mich »Astrologie – ganz einfach« schreiben, und begleitete mich telefonisch sehr herzlich bei der Entwicklung meiner Arbeit. Um die aussagekräftigen Bilder haben sich Antje Hellmanzik und ihr Mann Hermann Betken gekümmert. Sie designten und zeichneten kompetent Karte um Karte. Auch ihnen beiden herzlichen Dank für die berührenden Illustrationen! Vielen Dank auch an Sabine Lechleuthner. Sie lektorierte fachkundig meine Texte.

Ganz besonders danke sagen möchte ich meinem Sohn Nicolas. Obwohl ich auch in seinen Schulferien an den Karten arbeitete, schenkte er mir großzügig die Zeit, die ich zum Schreiben brauchte, und unterstützte mich mit seiner Fröhlichkeit. Und ganz wichtig für mich ist auch der Dank an meine Eltern, Margrit und Hansruedi Rick, die mich schon immer selbstlos, tatkräftig und emotional bei allem, was ich mache, begleiten!

# Merkur Morgenstern
## Informationen

Ich höre auf das,
was wichtig für mich ist.

# *Mond*
## *Verstimmungen*

**Ich löse alle hemmenden emotionalen Verstrickungen und übernehme selber die Verantwortung für mein Leben.**

# *Wassermann*

## *Verpflichtungen*

**Ich begegne Verpflichtungen mit einem Lächeln.**

# Pluto
## Leidenschaft

**Ich habe die Eigen-Macht und stelle mich meinen verdrängten Seiten.**

# Stier

## Sturheit

Ich entlasse alle Glaubens-
sätze, die mich in meiner
Weiterentwicklung
behindern und manifestiere
Fülle in meinem Leben.

# Steinbock

## Autorität

Ich lobe mich selbst
und kann dadurch
motiviert die alltäglichen
Pflichten erledigen.

# 6. Haus
## *Alltag*

Ich kümmere mich mit Freude
um meine alltäglichen Pflichten.

# 11. Haus

## *Freundschaften*

**Ich lade die Freunde
n mein Leben ein,
die mir gut tun.**

# *Uranus*

## *Konflikt*

Ich versuche, in einer
Konfliktsituation
die andere Seite
zu verstehen
und kann dadurch
viel gelassener
ein klärendes
Gespräch
führen.

Schütze
Realitätsflucht
Ich sprenge
meine Grenzen
und erlebe Freiheit.

# Löwe

## Sein

Ich kenne meine persönlichen Stärken und gebe sie weiter.

# *Zwillinge*

## *Oberflächlichkeit*

Ich bin vertrauenswürdig und kann Neuigkeiten auch für mich behalten.

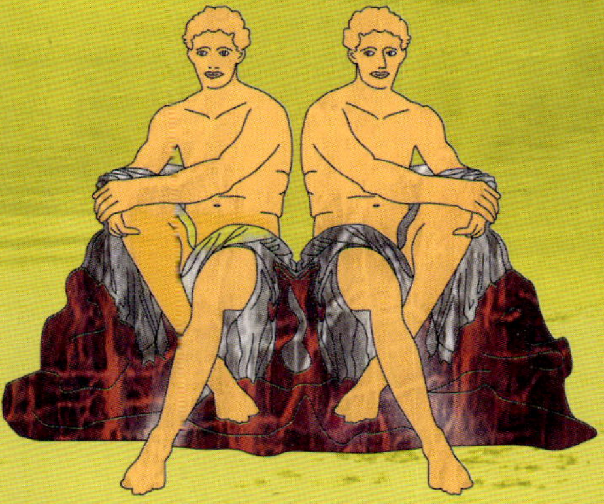

# Sonne

## Zentrum

Ich weiß,
wer ich bin
und was ich will.

# Himmelsmitte

## Berufung

Ich lasse mich von meiner inneren Stimme leiten und finde meine Berufung.

# Uranus

## *Inspiration*

Ich freue mich
auf alle Veränderungen
und gestalte aktiv
meine Zukunft.

# Jungfrau

## Verzetteln

Ich lerne,
den Moment
zu genießen
und stelle
keine Ansprüche
an mich selbst.

# *Widder*

## *Egoismus*

Ich erreiche meine Ziele
mit Rücksicht auf andere.

# *Jupiter*

## *Selbst-überschätzung*

**Ich nehme Abstand und entscheide mich dann für den Weg, der am besten für mich ist.**

# Sonne

## Aus-dem-Zentrum-gefallen

Ich bin in meiner Mitte
und lasse
meine innere
Sonne strahlen.

# Saturn

## Verzicht

Ich entlasse
meine Angst
und heiße
neue Situationen
vertrauensvoll
willkommen.

Lilith
Schatten
Ich anerkenne eine »Höhere Macht« und bin im Vertrauen, dass alles gut ist, so wie es ist.

# *Krebs*

## *Fürsorglichkeit*

Ich kümmere mich zuerst
liebevoll um mein eigenes
Wohlergehen
und kann danach
mit offenem Herzen
auf andere zugehen.

# Pluto

## Opfer

Ich akzeptiere meine Sabotage-programme und besitze die Fähigkeit, sie aus eigener Kraft ins Licht zu transformieren.

# 3. Haus
## *Kommunikation*

**Ich nehme mir Zeit
und sammle neue Erfahrungen.**

# Neptun

## Träume

Ich schenke
meinen Träumen
Aufmerksamkeit
und bekomme
dadurch
einen tiefen
Einblick
in mein
Innerstes.

# 9. Haus
## Lebens-anschauungen

Ich kann mir mit meinen positiven und fokussierten Gedanken jeden Wunsch erfüllen.

# *Merkur* *Morgenstern*

## *Miss-verständnisse*

**Ich erlöse alte Themen und entlasse sie in Liebe.**

# *Krebs*

## *Empfindlichkeit*

Ich achte
die Vergangenheit
und wende mich liebevoll
dem »Hier und Jetzt« zu.

# Himmelstiefe

## Wurzeln

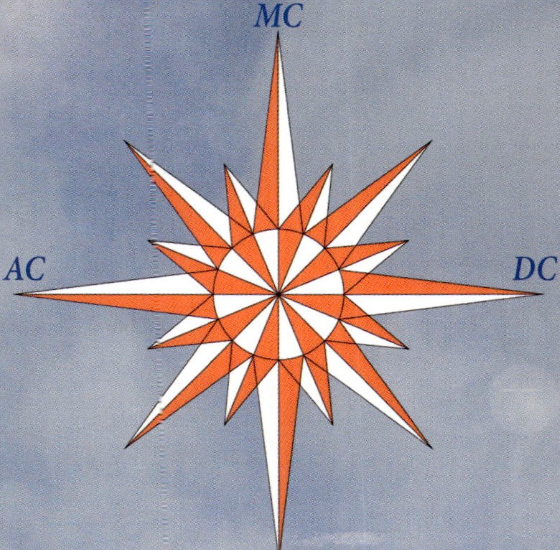


# IC

**Ich tanke Kraft aus der Seele und begegne voller Energie dem Alltag.**

# Merkur Abendstern
## Nörgeln

**Ich gebe die Kontrolle ab und bin im Vertrauen, dass sich alles zum Besten entwickelt.**

# *Merkur* Abendstern
## *Erledigen*

Ich nutze die Zeit
und spreche alles an
und aus, was mir
auf der Seele liegt.

# Schütze

## Wachstum

Ich kann
neue Welten
mental bereisen
und diese
gefundene Kraft
für den Alltag nutzen.

# *Venus* *Morgenstern*
## *Liebe*

Ich lasse meine
Liebeskraft fließen
und verschenke
meine Liebe aus
vollstem Herzen.

Absteigender

# Mondknoten

## Karma

**Ich (er-)löse mich von unbrauchbaren Mustern aus meiner Vergangenheit und gehe freudig meinen Zielen entgegen.**

# *Skorpion*

## *Intensität*

Ich lerne
meine dunklen Seiten
kennen
und akzeptiere sie
in Liebe.

# *Waage*

## *Konfliktscheu*

Ich treffe ausgewogene
Entscheidungen
und stehe voll und ganz
dahinter.

# Aszendent

## Äußerlichkeiten

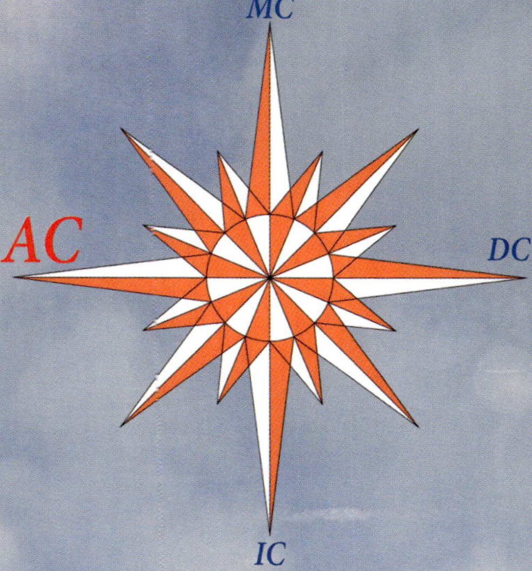


Ich weiß,
dass in jeder Begegnung
ein tieferer Sinn liegt.

# 12. Haus
## *Rückzug*

**Ich schenke mir jeden Tag**
**Zeit zum Meditieren**
**und begegne dem Alltag mit neuer Kraft.**

# 8. Haus
## *Grenz-erfahrungen*

**Ich nehme Veränderungen liebevoll an und lasse Vergangenes los.**

# *Skorpion*

## *Extreme*

Ich lasse mich
auf den Prozess
der Transformation ein
und heiße
alle Veränderungen
willkommen.

# *Venus* *Abendstern*
## *Abgrenzung*

**Ich stehe
zu meiner Meinung
und werde
gerade deswegen
von den
anderen
geliebt.**

# *Stier*

## *Besitz*

Ich erschaffe mir
solide Grundlagen,
die das Leben angenehm
und genussvoll machen.

# 5. Haus
## Lebensfreude

Ich mache das,
was mir am meisten Freude bereitet
und bringe mich zum Ausdruck.

# *Venus* *Abendstern*
## *Harmonie*

**Ich begegne den
Selbstverständlichkeiten
in meinem
Leben wieder
achtungsvoll
und gebe ihnen
das Gefühl
von Einmaligkeit.**

# Jungfrau

## Arbeit

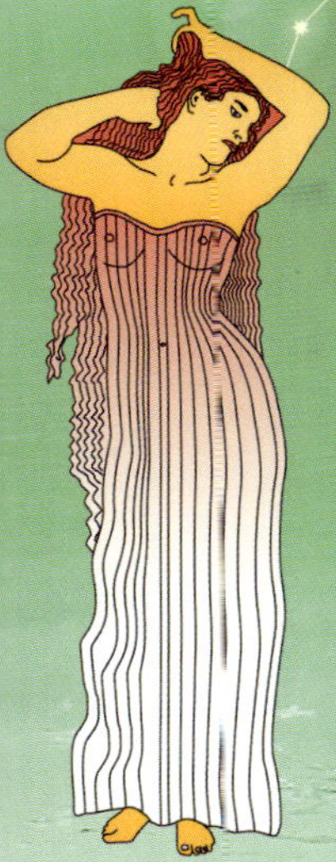

Ich schaue
Situationen genau an
und handle objektiv
und überlegt.

# *Mond*

## *Emotionen*

Meine Gefühle
sind mir wichtig.
Ich nehme mir Zeit
und schenke ihnen
Aufmerksamkeit,
um sie dann in Liebe
zu entlassen.

# Steinbock

## *Verantwortung*

**Ich kann mich mit positiven Gedanken auf mein Ziel konzentrieren und bringe meine Aufgabe mit Freuden zu Ende.**

# *Löwe*

## *Dominanz*

**Mein Wesen ist mutig
und stolz,
und ich handle aus
innerer Überzeugung.**

# Chiron

## *Verletzbarkeit*

**Ich bin mir der Kraft meiner positiven Gedanken bewusst und werde heil.**

# Deszendent

## Spiegel

Ich wachse durch Beziehungen
und nehme diese Erkenntnis dankbar an.

# Mars

## Aktionen

Ich bin mir meiner Kraft
und Stärke bewusst
und nutze sie
für meine Anliegen.

Glückspunkt
Glück
Ich lasse meine
Erwartungshaltungen
los und erlaube mir,
glücklich zu sein.

# *Waage*

## *Verbindung*

Ich höre
auf meine Gedanken
und Gefühle
und achte auf mein
inneres Gleichgewicht.

# Wassermann

## *Erfindung*

Ich öffne mich
für neue Wege
und lasse mich überraschen.

# 7. Haus

## *Beziehungen*

**Ich erkenne im »Du«**
**meine Wünsche**
**und verwirkliche sie in meinem Leben.**

# *Fische*

## *Sucht*

Ich akzeptiere
meine Sehn–Sucht
und finde das,
was mich nährt.

# *Mars*

## *Streit*

**Ich halte an meiner
Idee zu siegen fest
und konzentriere
mich auf meine Stärken.**

# 4. Haus
## *Familie*

Ich finde meine Wurzeln auch in der Gegenwart und bekomme die Geborgenheit, die ich brauche im »Hier und Jetzt«.

# *Widder*

## *Wille*

Ich habe einen Fokus
und erreiche mein Ziel.

# Jupiter
## Entwicklung

**Ich erlaube mir,
auf allen Ebenen
zu wachsen
und genieße
mein Glück.**

Neptun
Illusion
Ich prüfe
meine Vorhaben
sorgfältig
und akzeptiere
jeden Ausgang.

# 10. Haus
## *Karriere*

Ich formuliere meine Ziele
und erreiche dadurch
meinen Erfolg.

# *Fische*

## *Mitgefühl*

Ich begegne
meinen Bedürfnissen
ebenso einfühlsam
wie denen
der anderen.

# Zwillinge

## Wissen

Ich höre auf das,
was für mich wichtig ist.

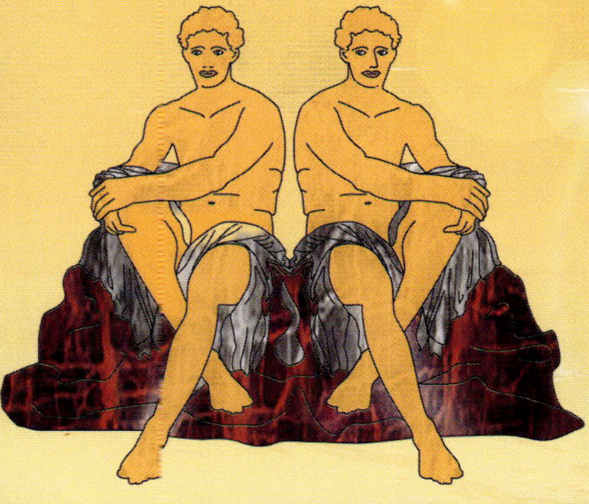

# Saturn

*Realität*

Ich erlaube mir,
auch »nein«
sagen zu dürfen
und weiß,
dass meine
Mitmenschen
mich
trotzdem lieben.

# 1. Haus
## *Persönlichkeit*

Ich heiße die neuen Aufgaben
in meinem Leben
willkommen.

Aufsteigender **Mondknoten**

Lebens-
aufgabe

Ich vertraue meiner
inneren Stimme
und erkenne dadurch
meinen Lebensweg.

# *Venus* *Morgenstern*

## *Liebesentzug*

**Ich erlaube mir,
mich jetzt voll
und ganz
dem Leben
hinzugeben.**

# 2. Haus
## *Werte*

Ich kümmere mich
um meinen inneren Reichtum
und entdecke meine verborgenen Schätze.